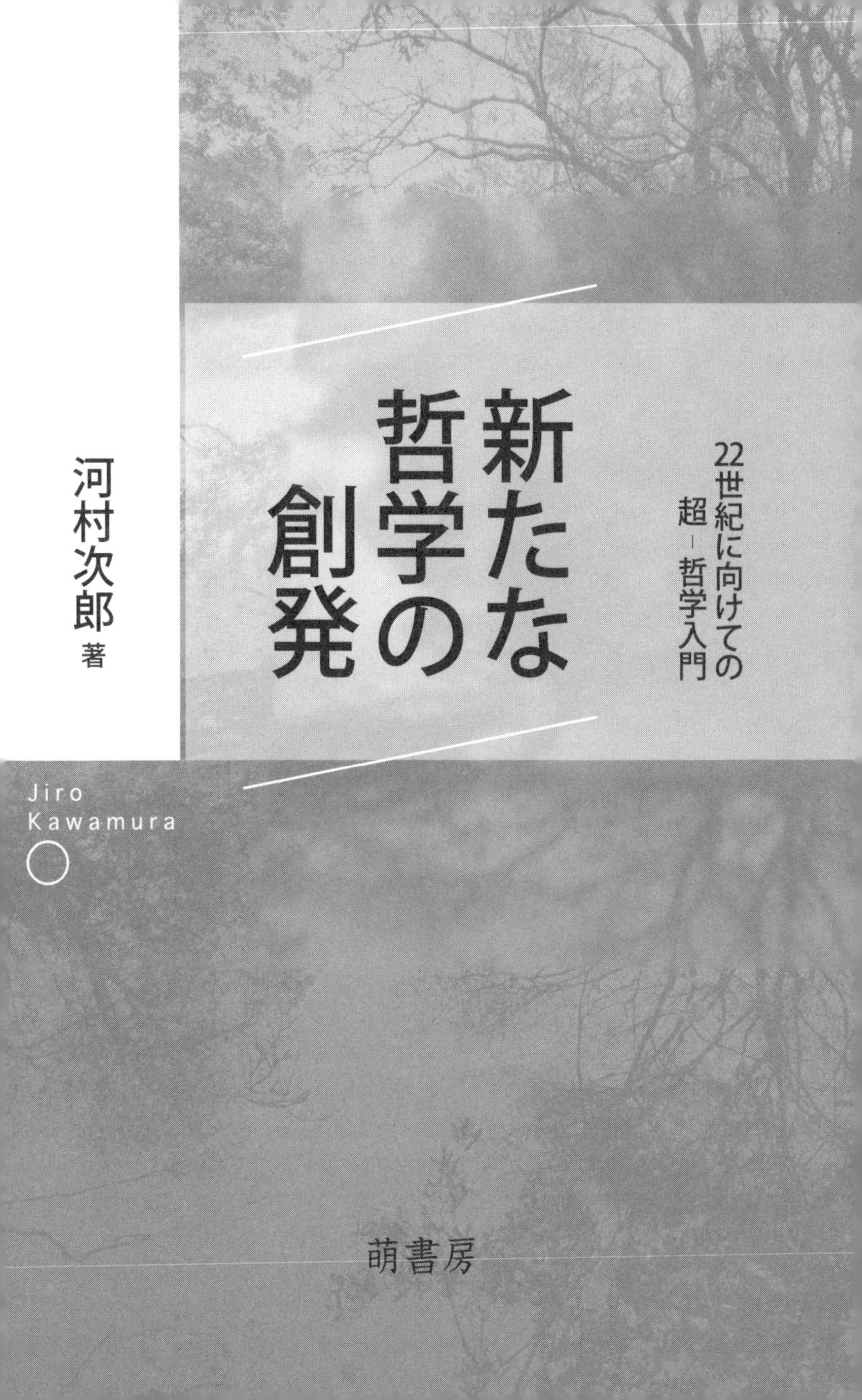

新たな哲学の創発

22世紀に向けての超−哲学入門

河村次郎 著

Jiro Kawamura

萌書房

新たな哲学の創発――22世紀に向けての超‐哲学入門――＊目次

新たな哲学の創発

——22世紀に向けての超‐哲学入門——

序

西洋の哲学が古代ギリシアで誕生してから約二六〇〇年になるが、ここ二〇〇年の間比較的低迷していた、という見方には大方の有識者は賛同するであろう。しかし、二一世紀の前半たけなわの今日において、この学問は再び興隆の兆しを見せている、と感じるのは私だけではなかろう。たとえ、その兆候がかすかだとしても、新たな局面はたしかに開けてきているのである。

そもそも哲学はかつて全学問の頂点に立つもの、つまり万学の女王であった。そして、その地位は一八世紀まで維持されていた。しかし、近世に入って個別科学が哲学から次第に独立してゆくにつれて、哲学の身は細り、その影は薄くなっていった。物理学や生物学や医学、あるいは工学諸分野に代表される個別的経験科学が、実証性と実用性を増しつつその地位をますます確固たるものにしてきたのに対して、哲学は狭い探究分野に追い込まれ、細々と活動している、との感はどうしてもぬぐえない。

哲学はもともと自然的世界全体の根本原理、つまり万物のアルケー（始原）を探究する学問としてスタートした。その後、自己存在への関心が加わり、自己と世界双方の根本的存在原理を問い求めるものとなった。ところが、「世界」の方は自然科学の攻略に押されて、次第に哲学の守備範囲から外れていった。そこで、哲学は自己の内面に没頭するようになり、「自己と世界」という問題は「経験の担い手としての自我」と「その主観的構成作用によって捉えられる限りでの〈世界〉」というふうに矮小化してしまった。つまり、哲学は世界を経験する自我の本質へと専心するようになっていったのである。その際、経験と意識の関係が考察の中核に据えられ、世界は主観の構成能の相関項へと圧縮されてしまった。これは現実からの遊離ないし逃避であり、広い意味での「観念論」への退却である。一般の人や他の学問分野の人が抱く「哲学が観念的な虚学である」というイメージは、ここから発してくる。

ところで、哲学に対してさらに追い打ちをかける経験科学の趨勢が前世紀の後半に起こった。そして、それは脳科学ないし認知神経科学における脳と意識の関係の実証的探究、つまり意識科学の構築・確立を目指すものであった。この趨勢に対して前述の観念論的哲学は警戒と防御の態度を示したが、英米特にアメリカの哲学の一グループは賛同し、共鳴し、実際に共同研究しさえした。そのグループとは心の哲学のことである。

周知のようにイギリス経験論を源流とする英米の哲学は、人間的知の経験的基盤を重視し、空虚な観念論的思弁を排除して、現実に相即する哲学理論を構築しようとしてきた。そこで、その姿勢は経験科学に対して開かれたものとなり、科学と哲学の間に無益な断絶の柵を立てたりしないのである。とりわけ現代のアメリカの心の哲学の諸派は科学に対して身を開いている。しかし、こうしたアメリカ哲学の傾向は、保守的な哲学観の所有者から見ると鼻持ちならないものであろう。特に哲学を勝手に「精神論」と思い込んでいる日本人にとってはそうであろう。

日本には優れた文学的伝統があり、科学と技術と文化全般においても全世界の中で極めて高い位置にある。しかし、その割には哲学に弱い。日本が先進国の中でも上位にあることは誰もが認めるほどなのに、学問ないし文化の頂点にある哲学の点数は低いのである。世界の俊英に比肩する作家や科学者を多数輩出した国の割には哲学の偏差値は非常に低いと言わざるをえない。

よく「日本には文学的情感の豊かな伝統はあるが、哲学的論理構築に関しては貧弱なそれしかない」と言われる。哲学は学問である前にその国の文化的土壌を反映した思考体系である。そして、思考体系にはどうしても感情や情感がなだれ込んでくる。普通、感情と論理は分離・対立したものとみなされているが、深い生命的次元では両者は一体なのである。そこで、感情に論理性がなくて情感に流されやすい日本人の深層意識は、文学には強くても哲学には弱いのである。そして、日本の哲学の文化的土壌の中にはインドと中国から輸入された仏教と儒教が深くしみ込んでいる。これがそのまま日本人の深層意識にしみ込んで、哲学の情感化を推進・継続させてきたのである。哲学を人生論とみなす姿勢はまさにこの傾向を反映している。

また、これと並行して、日本の哲学界には多くの精密な哲学研究はあるが、独自の哲学理論の構築が極めて少ない、という現実がある。どういうことかと言うと、過去の哲学者の文献の読解を介してその思想を客観的に分析・解釈することは盛んだが、自らそれらに比肩するような哲学理論を構築しようとする姿勢がほとんどないのである。つまり、日本には哲学研究者は多数いるが、本物の「哲学者」がほとんどいないのである。日本の哲学界の主流は主体性のない哲学文献学と思想解釈学であり、独自の哲学理論の構築からの逃避である。それゆえ古典となるような大哲学書が生まれることは極めてまれなこととなる。日本には漱石や谷崎や三島のように世界の超一流の作家に比肩するような人はいるが、西洋哲学の巨星に並ぶような独創的哲学者は全く見当たらないというのが実情である。

西洋哲学の巨星と言えば、プラトン、アリストテレス、カント、ヘーゲルという四天王を筆頭とし、その次のランクにロック、ヒューム、ライプニッツなどが来る。前世紀のハイデガー、ホワイトヘッドなどもこの第二グループに属す逸材である。しかし、日本にはこのグループからさらに二ランク下げたところにかろうじて引っかかる哲学者がいるかいないか、というレベルなのである。たとえば、西田幾多郎や田辺元や廣松渉がそれに当たる。彼らはとにかく自前の思想を自分の言葉と論理で展開した。つまり、過去の哲学者を研究するのではなく、自分の哲学理論を自分で構築したのである。こんな当たり前のこともできないのが日本の哲学研究者たち、いや哲学文献学者たちなのである。そして、この哲学文献学への隠遁の傾向は近年ますます強くなってきている。

明治に入ってから西洋の哲学が輸入された当初、とにかく哲学用語と文献の翻訳が要求されたことは分かるし、その後漸進的に独自の哲学理論構築という本来の課題に取り組む方向に進めばよかったのである。実際、西田や和辻はそれをやった。しかし、その後がいけない。自前の哲学理論を展開する者が続出するかと思いきや、それはまばらで、多くの哲学科出身の学者は哲学文献学ないし思想解釈学の方向に邁進していったのである。これは一つの謎である。文化や学問の進歩が輸入・紹介→独自のものの形成という経路をたどることだとするなら、日本の哲学は自ら進んで停滞の道を選んだことになるからである。文学と物理学と化学と医学・生理学では立派なノーベル賞受賞者をけっこう輩出したのに、哲学の分野では世界から見向きもされない。当然である。日本の哲学界で圧倒的な主流を占める哲学文献学は、哲学の本場たる欧米では本来の「哲学」とはみなされていないからである。それに対して、湯川秀樹や利根川進や山中伸弥は本物の物理学や生命科学を世界トップレベルの力量で展開し、それが認められた。また、西洋科学が輸入されてまだ日も浅い時期に北里柴三郎や野口英世は基礎医学（細菌学）の分野で世界のトップに比肩していた。文学においては日本古来の伝統と西洋の文学の融合が功を奏し、多くの優れた作家や詩人が生まれ、その作品群が多くの外国語に翻訳され、世界中の読者から称賛された。もし、これらの科学者や作家が科学史や文芸評論に徹していたら、この豊かな成果は生まれなかったであろう。ところが日本の哲学専攻者たちは、怠慢にも評論の道を選んでしまったのである。筆者が見るところ、日本の希少な「哲学者」の最後の人は、とりあえず廣松渉である。彼が死んだのが一九九四年だから、二十数年間まともな哲学者は現れていないことになる。それどころか哲学文献学への隠遁の傾向はますます強くなってきている。

これは「日本語で哲学する人がいない」などという平板なことを意味しない。また「日本独自の文化に根差した哲学理論がない」ということも意味しない。そうではなくて、端的に「自分の頭で考える姿勢で哲学的問題に取り組み、自分の言葉と概念形成能力と論理構成能力によって哲学理論を構築し、体系的哲学書を書け」と言いたいのである。

「オピニオンの学問」と「エビデンスに基づいた学問」という分類がある。前者は歴史上の傑出した学者の思想ないし学説を権威として持ち上げ、その解釈に専念するものである。つまり、当該の学問が取り組むべき本来の問題から逃げ、大家の意見（オピニオン）に標準を合わせて学問活動を展開するのである。

これは人文社会系の学問によく見られる傾向であるが、その中でも日本の哲学は特にこの傾向が強い。それに対して後者は、問題そのものないし事象そのものを凝視し、権威や流行に囚われることなく、明証性（エビデンス）に基づいた真理を探求するものである。たとえば、ガンや感染症の原因が何かということに関して、その分野の世界的権威の医学者がどういう見解を示したかに依拠することなく、あくまで実験、観察、臨床的データ、病理学などに基づいて研究を進め、真理の解明に至ろうとするのである。もちろん、世界的権威の意見は重要であり、参考にされることが多いが、それが最終的な真理の判定や証明の基準とされることはない。これは自然科学や工学などの理科系の学問に広範に見られる傾向である。それに対して、人文社会系の学問は、直接探究対象とすべき問題や事象が確定しにくく、どうしても学説史や大家の意見の解釈に流れがちとなる。哲学は基礎学にして普遍学であり、本来文系と理系の学問の柵を超えた高みにあるべきなのに、単なる人文社会系の一分野に成り下がり、オピニオンの学問のぬるま湯に浸かったままとなっている。そして繰り返すが、特に日本の哲学界はこの傾向が強い。本文中で改めて述べるが、筆者は学説史や大家の思想の解釈が無意味だと考えているわけではない。それは独自の明証的な哲学理論を構築するための重要な経路である。ただし、それは手段ではあっても目的ではないのである。

フッサールが『厳密な学としての哲学』の末尾で「研究への原動力は過去の様々の哲学思想や権威ある文献からではなく、問題そのものと事象そのものから発してこなければならない」と主張したことはあまりに有名である。欧米の一流の哲学者はみなこれを実践しているので、改めて耳を貸す必要もないであろうが、日本の哲学研究者は目をそらさずに反省の糧としなければならない忠告である。

少し視点を変えてみよう。トルストイやプルーストや三島由紀夫のような大作家と彼らを研究する文学研究者（ないし文芸評論家）の区別を「本物の哲学者（思想家）」と「哲学研究者（哲学文献学者）」の区別に対応させてみると、問題の所在がより明瞭となる。大作家たちは自ら研究を主な活動とはせずに創作に専念した人たちである。それに対して、文学研究者や文芸評論家は、自ら作品を生み出すことなく、他人の作品の解釈に専念した人たちである。後者はいわば前者の寄生虫であり、けっして前者と同格とみなされることはない。もちろん、文学研究や文芸評論にはそれなりの意味があり、無碍に見下すことはできない。しかし、作家の創作活動が主であり、文芸評論が従であることはたしかである。

問題は日本の哲学界において、このような区別と格付けが曖昧となっていることである。大哲学者の意見の理解と解釈は本来の哲学活動の従ではあっても主ではない。本来の哲学活動の主は独自の明証的な哲学理論の構築とそれに基づいた体系的哲学書の完成である。カントやヘーゲルやホワイトヘッドはそれをやったから本物なのである。それに対して彼らの研究に一生を捧げる日本の哲学研究者たちは、先の区別に当てはめると、文芸評論家の地位をあてがわれることになる。実はこのことはけっこう前から指摘されていたのだが、一向に聞き入れられる気配がない。それどころか、文芸評論まがいの哲学文献学への隠遁の傾向は日に日に強まってきている。本文中で詳しく述べるが、このことの原因は方法論の確立と目的意識の明確化の努力の欠如にあるように思われる。

西洋の哲学は古代ギリシアで誕生してから二六〇〇年になる。そして、現在は二一世紀である。今世紀になってまだ一八年しか経っていないが、筆者はすでに二二世紀を見据えている。常に新奇への創造的前進を目指す筆者は、来るべき世紀に向けて「超‐哲学（super-philosophy）」なるものを構想している。ニーチェが超人の出現を期待したのとはいささか意味合いが違うが、とにかく閉塞状態を打ち破るような新たな哲学の出現を望んでいるのである。そして、ここに筆者がこよなく愛す「創発」の概念が関与してくる。

創発（emergence）とは、先行的与件からの線形的加算では予期できない新奇な事象が突発することである。また、それはあるシステムの全体特性は、そのシステムの構成要素の総和から理解することができない、ということも意味する。さらに、創発は生成と創造性とも密接に関係している。なぜなら、それは「新奇への創造的前進」という含意が強いからである。この含意に掉さして、筆者は新たな哲学を構築しようと思うのである。それゆえ、本書のタイトルは『新たな哲学の創発』となっているのである。そして、サブタイトルは「二一世紀に向けての超‐哲学入門」となっている。

哲学的思索は、過去の遺産を継承しつつも、現在の状況における哲学的事象そのものを凝視し、未来に向かって創造的な問題解決を模索しなければならない。そうした哲学的思索の基礎を分かりやすく論述し、真の哲学的営みとは何かということを幅広い層に理解していただけるように説明すること、それが本書の趣旨である。それゆえ、本書は広い意味での哲学入門書である。しかし、単なる哲学では飽き足らないので、「超‐哲学」への入門とした。それが何を意味するかは本文を読んでもらえば分かる。

我々は有限な生命の流れの中で、自己の存在の意味を問い、その意味を時間や空間に結びつけて思索を深める。また、心と身体の関係に思いを馳せ、医学や脳科学を参照しつつ、意識と脳の関係へと問いかけを収斂《しゅうれん》させる。これらの問いかけと思索は、とどのつまりは「生命」の根源から湧出したものである。つまり、哲学的思索は「生命そのもの」から個々人の脳を介して創発するものなのである。この「生命そのもの」は「大文字の**生命**」とも言い換えられ、最終的には「自然の大生命」ということに帰着する。

それでは「自然の大生命」とは何であろうか。それが自然の生命的自己組織性に深く関わることは本文中で説明することにしよう。また、それは「秩序」ということにも関わり、「情報」のもつ奥深い意味と連携している。

近年巷に溢れる「情報（information）」という言葉が、西洋哲学の二人の祖プラトンとアリストテレスが唱えたイデアとエイドスの概念と深い次元で意味を共有することは、知る人ぞ知ることである。イデアとエイドスは西洋哲学の神髄を示す根本概念であるが、その遺産を継承しつつ、哲学的思索を新奇への創造的前進へと赴かせること、それが本書の課題なのである。

第1章　哲学の目的と方法

はじめに

哲学は何を研究対象とし、どういう問題と取り組むべきなのか。そして、そのためにどのような方法を用いるべきなのか。これを考えるのが本章の課題である。つまり、本章は哲学の目的と方法を論じようとしているのである。というと、すでに哲学は出来上がっており、改めてその目的と方法を論じる必要などないではないか、という反論が予想される。しかし、序文でも述べたように、日本では哲学は新たな体系構築や理論形成から逃避して、哲学文献学に堕落している。また、全世界的規模で見ても科学に対する劣勢は隠せない。それゆえ、やはりここで哲学の目的と方法を再確認することには大きな意味があるのだ。

哲学が難解な学問であるということは夙《つと》に指摘されてきた。一般に全学問の中で最も難しくて頭を使うのは、数学と物理学と哲学だ、と言われるほどである。しかし、もはや哲学には数学や物理学ほどの威厳はない。ただ観念的で抽象的でとっつきにくいという印象があるだけである。とにかく難解でつかみどころがない学問というイメージだけは濃厚である。

問題はこの「つかみどころがない」という点にある。哲学は単にその内容が難しいだけではなくて、何のためにそのようなことを論じるのか、ということが分かりにくいのである。哲学が問題として立てる事柄は普通の人の思考法では親しみにくいものが多い。存在論、認識論、自我論、心身問題など、どれをとってもそうである。他の学問と共通する時間と空間の問題にしても哲学の取り扱い方は親しみにくく感じる。これらの印象は「抽象的」という表現で一括されると思う。

また、哲学には実用性がない、とよく言われる。工学や医学は実用性に直結する学問であり、素人はその専門的内実を理解できなくても尊敬する。それに対して、哲学はただ難解なだけで、実際の生活には役に立たない木偶《でく》の坊にしか思われない。理論物理学のような基礎科学も直接生活の役には立たないが、工学ないし技術に応用され、その実効性が広く認められているので、木偶の坊とは思われない。また、文学作品には専門用語がなく、それを読むために学問的基礎知識が必要ないので、中学生の頃から親しむことができる。それに対して、哲学書は難解な専門用語に満ち、大学生はもちろん、他分野の学者ですら辟易《へきえき》する。

こうした木偶の坊哲学に再生の途はあるだろうか。多分あるだろう。そう思うから、筆者は新たな哲学の創発を期し、二一世紀に向けて超‐哲学を誕生させようとしているのである。それは単に具体性と実用性を獲得し、科学と同様に尊敬され、文学のように親しみやすくなるなどという単純なことを意味しない。

哲学の再生とは、それこそ「創発」であり、予期せぬ突発事象が生起することなのである。つまり、哲学はその姿が予想もできない「超-哲学」へと変貌するのである。そこで、そのためにここで哲学の目的と方法を再確認しておこうと思うのである。

1　哲学は何のために

我々の目の前には「世界」が広がっている。この視覚野を占める「世界」は居住的環境であり、社会的環境であり、自然的環境である。そして、この環境的要素のうちで最も重要なのが「自然的」ということである。「世界」とはさしあたっては「自然的世界」を意味するのである。さらにそれは「宇宙全体」を指し示すことになる。

こうした広い意味での「世界」を古代ギリシアではコスモスと呼んだ。コスモスとは自然の秩序を核とする世界の全体性を意味する概念である。そして、この秩序ある自然的世界全体、ひいては宇宙全体の根本的構成要素を探求することが西洋哲学の原点となったのである。構成要素は根本原理と言い換えてもよいが、両者は厳密には同一ではない。古代ギリシアのイオニアの自然哲学者たちが最初に問い求めたのはコスモスの根本的構成要素であり、まだ根本原理への問いかけとしては熟成していなかったのである。つまり、自然的世界全体を根本から支えている物質的素材への視点が優位に立ち、秩序の数理的原理への視点は極めて弱かったのである。

西洋哲学の黎明期に自然哲学者たちが挙げた世界の根本要素は水、土、火など粗雑なものであった。しかし、それを笑ってはいけない。この根本素材への問いかけが、その後数理的原理の探求と結びついて、今日の精密な自然科学へと発展していったのである。また、最初にイオニアの自然哲学者たちの問いかけがなかったら、西洋の哲学は別の様相を取ってその歴史を形成していったであろう。たとえば、生老病死への関心が強い仏教哲学のような様相を呈していたのかもしれないのである。

筆者が本書で主題としている「哲学」はあくまで西洋のそれであり、東洋哲学はとりあえず視野の外にある。それはたぶん筆者が愚直だからだと思う。しかし、西洋の哲学は本来愚直な者が得意とするものである。西洋の哲学は悟りの境地を目指したりはせず、とりあえず外的自然界の根本構成要素への問いかけからスタートした。つまり、その始原において西洋哲学の関心は自己の内面にではなく、外部世界の方にあったのである。これは銘記しておかなければならないことである。特に哲学（日本でこの言葉を使う場合やはり「西洋哲学」のことを指している）を人生論だと思っている人は気をつけていただきたい。

ところで、古代ギリシアの自然哲学はその後、根本素材（根本的物質要素）への視点が抽象度を増して、ついに「原子」という概念をもち出すに至った。ギリシア語で原子のことをatomonと言うが、これは「これ以上分割できないもの」を意味し、現代の物理学おける原子ないし素粒子に当たる。さらに自然哲学は数理的原理への視点を加味し、近代以降の自然科学の雛型となった。

ただし、西洋最古の自然哲学が直線的に近代以降の自然科学へと発展していったわけではない。むしろ、早い時期に付け加わった自己存在への関心によって、素朴な外部世界の根本原理の探求が人間の内面性、つまり精神性へと向け替えられたのである。この向け替えの張本人がソクラテスであることはよく知られている。彼は最初、当時勃興してきた自然哲学に関心をもち、それを極めればあらゆる謎が解決すると期待したが、見事に裏切られ、人間的生の善性の解明こそ哲学が問い求めることだと言い張った。「ただ生きるだけではなく、より善く生きることが大切だから、そのための原理を問い求めよう」というわけである。日本人はこの意見に賛同しやすい心性をもっている。それに対して、自然哲学は生理的に受け付けない人が多いと思う。「自然は科学が研究するもの。哲学は精神論と人生論」というわけである。

しかし、世の中は精神と物質というふうに単純に二分割できないし、自然＝物質ではない。そして、このことに人間における心と身体の関係が関与してくる。ソクラテスによる「善く生きること」への問いかけは平板な印象しかないが、実は背後に心と身体の関係への関心が控えている。これはプラトンの対話編『パイドーン』において語られており、西洋哲学の基幹をなす「心身問題」の起点を示している。

その対話篇において、死刑を宣告されたソクラテスが、弟子による脱獄の勧めを振り切って善なる生を完遂する決意が述べられている。その際、善なる生を完遂しようとする行為の意志が、身体の生理学的物質性のもつ因果性を超越した一種の精神性をもつことに注意が促されている。これは当時の自然哲学による物質主義的思考ではとうてい理解できないことであり、世界の存在論的根本原理に関する思考法を根本的に改めることを要求するものであった。そこで、ソクラテスの遺志を継ぐ弟子のプラトンは必然的に「善のイデア」を万物の根元とする思想にたどり着いたのである。これはデモクリトスの原子論的唯物論と真っ向から対立するものであるが、単純な精神主義的思想と受け取ることは許されない。それを理解するためのヒントはプラトンが晩年に書いた対話篇『ティマイオス』にある。「自然について」という副題が付けられたこの作品は、デミウルゴスによる宇宙の創造、ならびに人体の諸器官と生理的機構の制作の過程が自然哲学的に説明されている。『パイドーン』において軽視された人体の生理的機構が、ここではコスモスの秩序の重要な契機として取り上げられているのである。この異色の対話篇が後に二〇世紀の二人の偉大な形而上学者アレクサンダーとホワイトヘッドによって蘇らせられ、現代物理学のバックアップを受けつつ創発主義的宇宙進化論と自然有機体説として花開いたことは注目に値する。

西洋哲学の神髄はやはり深い意味での「自然」にあったのだ。そして、それは唯物論的に理解された機械的自然ではなく、精神性をも包摂する有機体的自然である。これへの関心は前世紀に勃興してきた新たな自然科学の動向にも表れているが、それについては後で詳しく論じることにして、ここではプラトンの異端の弟子で、より自然主義的なアリストテレスの思想に触れておくことにしよう。

アリストテレスはギリシア哲学の集大成者であると同時に万学の祖であった。つまり哲学者兼経験科学者だったのである。彼の時代には個別的経験科学と哲学の区別がまだ明瞭ではなかったので、彼の多くの著作は経験科学的かつ哲学的という性格を有していた。生物学、気象学、天文学、心理学、政治学などに関する著作は後に個別科学化する兆しを示しているが、代表作の『形而上学』はこれこそ哲学というべき内容となっている。

「形而上学（metaphysics）」という語は哲学を象徴するものとして多く人が知っているが、注意すべきなのはこの語が「自然学（physics）」の後（meta）に置かれたものを指していることである。当時の自然学は現代における物理学を中心とする自然科学全般を意味するものである。そして、アリストテレスには『自然学』という著作がある。それはまさに自然の本質を探究したものなのだが、この自然学（physics）のすべてが終わったところから形而上学（metaphysics）が始まるのである。つまり、形而上学は超自然学ないし続・自然学であり、現代風に言うと物理学を超えた領域を探究するものなのである。こう言うと、何か超感覚的世界に関するオカルトめいた研究を連想するかもしれないが、基本的に経験主義的なアリストテレスはそのようなものに全く興味がなかった。形而上学とは自然の存在論的な第一原理を探求するものを意味したのである。それはまさしく「なぜこのような整合的秩序によって構成された大自然（ないし宇宙）が存在するのか」という驚嘆の念から発した「あらゆる存在の根源的原理の探究」であった。しかもそれは、もっぱら思弁的思考に頼るものではなく、経験科学の全成果を集約した上でのものであった。

こうした彼の姿勢は哲学の理想形を示しているが、現代の視点からするなら実現不可能な「単なる理想」だと言われてもしょうがないであろう。それは受け入れなければならない現実である。しかし、だからといって哲学が自己の内面世界に退却したり文献学ないし思想解釈学へと隠遁したりすることは許されない。肝要なのはアリストテレスの哲学姿勢を現代において生かそうとすることなのである。そしてそれは、科学に対して開かれた経験主義的な態度で存在、生命、時空、自然などの本質を問い求め、心と身体ないし意識と脳の関係を考えることとして遂行されうる。それに対して、より善く生きることや人生の意味の考察は二次的なものであって、哲学の本来の主題ではない。

なお、一見対立しているかに思われるプラトンとアリストテレスだが、この二人の哲学の中核概念たるイデアとエイドスは、今日の「情報の形而上学」の観点からすると、世界の存在論的根源に関する重要な視点を提示してくれるものとして等価的意味をもっているように思われる。このことは後で詳しく論じるが、「哲学は何のために」を考える際、無視できない事柄であることは銘記しておいてもらいたい。

以上、古代ギリシアにおける西洋哲学の生成について概観し、アリストテレスの傑出性を指摘したが、本書は学説史や思想解釈学を志向するものではないので、これ以上個々の哲学者の思想に言及するのはよすことにする。それよりもとにかく、「哲学は何のために」ということを考える際、重要なのは存在論を基点として、そこから生命の意味や時間と空間の本質を問い、さらには心と身体や脳と意識の関係を考察することなのである。また、自然や情報という自明に思われる概念について存在論的に再考察することも重要である。

2　方法論の探索

前節では哲学の目的について論じたが、次に哲学の方法について考察してみたい。

西洋の偉大な哲学者たちないし本物の哲学者たちは、みな独自の思考スタイルと方法論をもち、それに基づいて独創的な理論体系を構築し、歴史に残る優れた哲学書を世に出してきた。しかし、無から突然有が生じることはない。彼らは若い頃から先哲の思想を研究し、知識と思考法の習得に努力を惜しまなかったのである。それでは、件《くだん》の哲学文献学者と何が違うのか。それは彼らが単に客観的な思想解釈では飽き足らず、自ら哲学的問題そのものに主体的に取り組む姿勢を堅持していたことである。彼らは先哲から単に知識を継承するのではなく、哲学の思考法を学ぶことを心掛けたのである。哲学文献学者にとって大事なのは滅私奉公的に歴史上の偉大な哲学者の著作をひたすら精確に理解することであった。それに対して、本物の哲学者にとって先哲の遺産は自己の哲学体系構築のための道具でしかないのである。彼らにとって、まさに研究への原動力は哲学的問題そのものと事象そのものから発してきていたのである。ここには一種の「哲学的な天賦の才能」があるに違いない。そして、それは多分に直観的なものであり、単に勤勉なだけの哲学研究者には欠けたものなのである。加えて重要なのは構想力である。カントの『純粋理性批判』やヘーゲルの『精神現象学』、あるいはハイデガーの『存在と時間』やホワイトヘッドの『過程と実在』を読むと、その精緻な体系構築を支えているであろうと思われる卓越した構想力がうかがわれる。哲学的問題の核心をつく天才的な直観。そして、壮大な理論体系を緻密に構築していく構想力。この二つの要素が融合したとき独創的哲学者の偉業が創発するのである。しかし、やはり「哲学は何のために」ということを先哲から謙虚に学ぶ姿勢は堅持している必要がある。

哲学を学び始めた大学生や一般人の中で哲学に興味を持ち始めた人が「自説を展開してもいいんですか」という素朴な意見を述べることがある。哲学理論の構築を「酒場で人生哲学を語ること」と同列とみなしているのであろう。人生哲学を語ることなら中学生でもできるし、その名手は哲学者よりも苦労を重ねて成功した起業家であろう。しかし、人生哲学は本来の哲学ではない。哲学は存在論であり、認識論であり、時空論であり、心身問題なのである。そして、これらの理論哲学的問題群はすべて厳密な方法論を必要とする。つまり、物理学や工学に高等数学が必要であり、分子生物学に深い生化学の知識が必要なように、本来の哲学たる理論哲学には厳密な方法論が必要なのである。

単なる哲学文献学や思想解釈学を超えて独創的理論体系を構築した哲学者たちは、先哲の思想の滅私奉公的な客観的解釈に埋没することなく、常に先哲から「思考法」を学び、哲学的文章を大量に書きつつ、理論体系構築のための方法論を模索したのである。これは、日本の多く哲学研究者たちが、「哲学にはまる」という形で歴史上の偉大な哲学者や流行の思想家の文献解釈に引き込まれて、自分の方法で哲学理論の構築を実践する機会を喪失したのと対照的である。彼らは努力の方向が本来の哲学の道から逸脱していたのである。それゆえ、もし本来の哲学を遂行したいのなら、我々は最初から「自分の思想を自分の方法論を駆使して構築しなければならない」という意志を堅持しつつ、先哲から哲学のエキスを摂取しなければならない。つまり、前述のように先哲の思想は自己の体系を構築するための道具なのである。

筆者も大いに悩んだ。最初は何も分からないので、がむしゃらに哲学史や哲学概論や比較的読みやすい哲学書を読んで、その後大哲学書を邦訳や原書で大量に読んだ。大学の哲学科ではレポートや論文の提出が課されるので、それを機会に先哲の文献の精読と思想の解釈に努力し、哲学の基礎学力を獲得した。しかし、そうしているときにも、「単に先哲の思想を理解し解釈するだけではなく、自分の思想を創らなければならない」という意識が心の片隅にあったことはたしかである。そこで、客観的解釈論文の合間に自分の思想を展開するような試作論文も書いたりしていた。今から見ると稚拙なものであるが、筆者が最初からもっていた「絶対、哲学文献学者では終わらないぞ」という思念がそこには表れている。

ただし、修学時代にも事象分析に専念する哲学分野があることは知っていた。それは分析哲学と科学哲学である。筆者は学部時代から分析哲学に親しんでいたが、その後科学哲学に没頭し、ついには科学哲学専攻を自負するに至った。実際筆者が書いた十冊の本は市中の書店でもWeb上でも「科学哲学」に分類されている。筆者は大哲学者の文献解釈にも力を注いだが、このように早くから分析哲学に親しみ、その後科学哲学に転向したという経路が、今から見れば大きかったように思う。

筆者は文学部出身だが、もともと理学部志望で、中学と高校の科目では理科全科目と数学と英語が大変得意であった。その後、文学に没頭し理数系にはない新鮮な世界に開眼したので、文学部哲学科に進んだのである。こういう経歴の者が行き着く先は必然的に科学哲学である。しかも筆者が専攻する科学哲学には医学、特に精神医学が強く関与している。それと脳科学と意識科学である。正確に言うと、筆者が専攻しているのは科学哲学というよりは広い意味での心身問題なのであるが、これについては後で詳しく説明することにする。

3　体系構築の腕を磨くということ

独自の理論に基づいて哲学の体系を構築するためには、方法論を確立することとともに事象そのもの、問題そのものを凝視する姿勢が要求される。方法論の確立は先哲の方法から学ぶのが第一歩だが、それでは模倣になりかねない。単なる模倣や再生で終わらないためには、事象そのもの、問題そのものに食い入る態度が必要なのである。存在でも時間でも意識でも経験でも、主題となる哲学的問題そのものを自己のパースペクティヴを研ぎ澄ます形で思考の俎上に載せ、その問題へのアプローチの仕方を模索し、問題解決の手順（アルゴリズム）を明確化していくのである。その見取り図ができたら、実際に論文として書き始めるのである。そして、そのとき頭の中に描いた見取り図は論文の目次として文字化される。

ただし無から有は生じない。このような体系構築の初歩ですら長年の研鑽の上に初めて可能となるのである。そして、長年の研鑽とは「先哲の思想の解釈の多角的積み重ね」とともに「とにかく論文を多数書いてみる」ということを意味する。最初から洗練された様式でエレガントな体系的論文や著書を書けるということはない。最初は稚拙、未熟、噴飯もの、そのオンパレードである。日本では多くの保身的若手研究者が、そのようなことには手を出さずに、因習的で穏当な哲学文献学の道を選んでしまう。それは一見堅実に思われるが、前述のように実は本来の哲学活動から逃避しているにすぎないのである。

武道の格言として「敵に勝つより己に克て」というものがあるが、真の哲学者になりたいのなら、周りは気にせずに自己の信念を堅持しつつ体系的哲学構築の道を歩んでほしい。そうした姿勢は、保守的な学者や学界の趨勢に圧されて、萎縮させられることがほとんどだが、それに屈せずに自己を通した者のみが真の哲学者になりうるのである。もちろん、客観的で平凡な哲学文献解釈をしながらでも、体系構築の道を歩むことはできる。ただし、前者にいつの間にか飲み込まれて、初志貫徹できなかった者が非常に多いことはたしかである。

それでは、実際に体系構築の腕を磨くためには、どうすればよいのだろうか。それに必要な契機として、次の二つの契機を上げることができる。まず、アルゴリズムの脳内整理であり、それから創作能力の育成と発揮である。

アルゴリズム、つまり問題解決の手順は、経験科学における実験と観察と制作という要素を欠く哲学の抽象的思考活動にとって中核となる方法である。それは論理学と数学に似ている。実際、論理学は哲学の重要な一分野であり、その提唱する論理の模範は哲学的思考を整理するための命綱となる。また、抽象的思考を主たる舞台とする哲学においては、概念の本質看取、ならびに概念間の関係性の鋭利な理解が肝要となる。この本質看取と関係性理解に論理学の思考整理法が加わることによって、体系的哲学構築のためのアルゴリズムが得られる。また、思考実験というものも有効なことがある。ただし、思考実験に関しては「飲んでも飲まれるな」というという印象を筆者はもっている。奇抜な思考実験を提出して、それ止まりという例がかなりあるのだ。それよりも実際の科学的データの中に哲学的問題を見出す姿勢の方が実り豊かな方向に導きやすいように思われる。心脳問題や意識科学の成立可能性への問いなどは、その代表例である。そもそも科学哲学ではそうした議論が大勢を占めているし、英米の経験主義的哲学でもそうである。

次に創作能力の育成と発揮について。前にも述べたように、体系的哲学者として大著を仕上げるためには卓越した構想力が必要となる。そうした構想力はどうしたら獲得できるであろうか。天賦の才能をもち出したら元も子もないので、努力関連の説明をしなければならない。複雑に入り組んだ理論を整理しつつ整然とした論述構成に導くためには、その模範を多数見つけ出して、それに学ぶことが何よりも推奨される。ただし、主体性を欠いた客観的文献解釈に流れてはならない。あくまで自己の方法論の確立のための道具として、それに接するのである。そうした模範の代表例としてはカントの『純粋理性批判』、ヘーゲルの『精神現象学』、あるいはハイデガーの『存在と時間』やサミュエル・アレクサンダーの『時間・空間・神性』などが挙げられる。また少し落ちるが、我国の廣松渉の『存在と意味』なども非常に参考になる。こうした体系的哲学書から思考法と理論形成術と体系構築術と概念形成法を学ぶのである。哲学文献学者のように、重箱の隅をつつくような仕方で完璧な理解を目指す必要などない。ただし、極端に我流の読み込みは禁忌である。哲学文献学者ほどではないにせよ、そうした大哲学書に関する研究書も参照し、少しでも客観的理解の努力はすべきなのである。

しかし天才は飽きっぽい。彼らは文献読解の途中で自分の構想力と創作意欲が噴出してしまうのである。そして、「俺ならもっとうまくやってやる」と意気込み、創作に向かう。ここにはどうしても努力では及ばない壁があるが、努力vs天才というのは誤った二分法でもあるので、各自が自己の内部に隠れている天才性を引き出すことに注意を集中させることが肝要となる。誰でも努力の方向を向け替えれば、体系的哲学書の創作は可能となるのである。ただし、そのために人並みの幸福を失う可能性はある。具体的にはアカデミズムから排除されて生活の苦境に立たされるのである。

それはともあれ、「創作」というと芸術や文学がすぐに思い浮かぶ。そのうち特に参考になるのは緻密な構成と華麗な文体によって書かれた大小説群である。トルストイの『戦争と平和』、ドストエフスキーの『カラマーゾフの兄弟』、プルーストの『失われた時を求めて』、三島由紀夫の『豊饒の海』などがその代表である。また、ポーや芥川龍之介や梶井基次郎の珠玉の短編小説群も別の意味で創作のための参考になる。筆者は特に高校生のときに読んだ三島の構想力に感銘した。『金閣寺』と『豊饒の海』に示された物語構築能力は、筆者の後の哲学体系構築の礎となる隠れた基盤だったと言える。三島が記者の面前で、わずか一五分で短編小説を書き上げてみせた、という逸話が残っているが、その卓越した構想力と創作力は真に讃嘆に値する。体系的哲学書の創作のためには自己のうちに眠っている、こうした構想力を引き出し、活かすことが肝心である。

4　筆者が実際にやった哲学体系構築の試み

筆者はこれまでに実際いくつかの体系的哲学書を書いている。それは標的となる哲学的問題をまず炙り出し、それに基づいてテーマを絞り、脳内で全体の構成の見取り図を描き、それを目次として活字化することから始まる。研究ノートや創作ノートというものは一切ない。長年の研究と思索と執筆の履歴が脳内に蓄積されており、それを直接パソコンのワープロ画面に向かって打ち出すのである。現に今もそうしている。

筆者がこれまでにはっきりと体系的哲学書として書いたのは、『情報の形而上学――新たな存在の階層の発見』（二〇〇九年）と『創発する意識の自然学』（二〇一二年）と『存在と時空』（二〇一六年）の三冊である。これらは、先哲の思想の解釈という性格を全くもたず、筆者が論述の完全な主体となり、筆者自身の問題設定に則って書かれた体系的哲学書である。その出来がどの程度のものであるにせよ、とにかく自分の責任で哲学の問題を徹底的に論じたのである。この体系的哲学書三部作の前にも準体系的な哲学書は数冊書いていた。しかし、はっきりと体系的哲学書を挑戦的意識で書いたのは右記の三冊である。いつかは完全な体系的哲学書を書こうと思っていたが、それがついに実現したのである。そもそも、それ以前の著書も先哲の思想は脇役であり、常に「研究への原動力は問題そのものと事象そのものから発してこなければならない」という主体的意識に先導されつつ論述していたのであり、その積み重ねが体系化の成功として結実したのである。

それでは、右記の三冊は具体的に何を論じているのであろうか。それを紹介しよう。

まず『情報の形而上学』ではinformationの本質を存在論的に徹底的に論じた。informationは一般に知識やメッセージの観点から理解される一種の心的概念である。しかし、それは存在論的観点からも捉えることができる。その際、informationは精神と物質の間、主観と客観の間に措定され、存在論的に異なった次元にある対立項を媒介するものとして理解される。さらに、それは万物の根元の地位にまで高められる。この「万物の根元の地位にまで高められる」というのは、先述の初期ギリシアの自然哲学の観点を想起させるが、実際にそれと関係している。アナクサゴラスがヌースを、プラトンが善のイデアを、そしてアリストテレスが純粋形相を万物ないしコスモスの根元とみなす姿勢は、筆者の情報の形而上学に受け継がれている。

informationを万物の根元に据える姿勢は、唯心論的思想と誤解されやすい。なぜならinformationは常に主観的な心的現象として理解されがちだからである。筆者は、この常識的観点を逆手に取って、情報を客観的な存在論的現象として捉える新たな観点を展開した。ここですでに情報と言ったりinformationと言ったりする晦渋な表記がなされているが、これも筆者の戦略の一環であり、読者の無反省な常識的情報概念理解を破壊して、革新的な存在論的観点に導くことが眼目となっている。

なお、論の構成に際しては、現代の諸科学や諸哲学、および日常的経験における「情報」というものの理解を随時参照し、情報が物質やエネルギーと並ぶ自然界の実在的構成要素であることを説得的に論じた。その際、心と身体の関係に関する臨床医学的観点や生物学における生命情報の概念も参照された。また、情報の存在論的起源をプラトンのイデアとアリストテレスのエイドスの概念に求め、それを現代的観点に翻案しつつ「新たな存在の階層の発見」へとつないだ。

着想はトム・ストウニアとチャルマーズに負っているが、論述の主体はあくまで筆者自身である。大切なのは独創的ということはなくて、ザッハリヒということ、つまり「先哲の解釈に没入することなく、あくまで問題そのものと事象そのものを自分の責任で明証的に論じる」ということなのである。それに対して、独創的ということにこだわるのはオピニオンの学問の観点に縛られているにすぎない。

次に『創発する意識の自然学』であるが、この本は筆者のこれまでの意識哲学研究の集大成であり、量・質ともに充実した内容の体系的哲学書となっている。すでに二〇〇四年の著書『意識の神経哲学』でその原案が提示されていた「創発する意識の自然学」は、その後の生命哲学の研究、ならびにジェームズとホワイトヘッドの思想が加味され、二〇一二年に意識哲学の壮大な体系的論述へと熟成したのである。

筆者はそこで明確に「創発の存在論」を方法として用い、意識の本質を生命的自然主義の観点から論じ尽くした。全体で二三章のこの体系的哲学書は、我ながら緻密で整合的な構成になっていると思う。ここで二三章のタイトルすべてを列記することはできないので、部の構成を示すと次のようになる。第Ⅰ部「意識への問いと創発の存在論」、第Ⅱ部「意識と心身問題」、第Ⅲ部「意識の発生根拠」、第Ⅳ部「時間と空間」、第Ⅴ部「人間の本質と意識」。

第Ⅰ部では意識という問題に対する哲学と科学の双方からのアプローチ法をまず論じ、それから「創発の存在論」という方法論を提示し、さらに生命論と自然哲学の観点を加味しつつ意識哲学の宇宙論的広がりを示唆し、最後に集約的に「創発する意識の自然学」の理念を開陳した。そこでは「創発する意識の自然学」が「意識の経験の学」にして「経験の形而上学」である、と主張されている。これにはヘーゲルの影響が少しある。

第Ⅱ部では伝来の心身問題の不毛な面を排除しつつ、その本質を抉り出し、心と身体を統合する生命という媒介項の重要性をまず指摘した。それから意識と脳の世界内存在という観点を基点として脳の社会的相互作用と意識の創発の関係を論じた。この観点は、意識と脳の双方が頭蓋骨の内部で完結するシステムではなく、環境世界の情報構造へと拡張した存在様式をもつことを指摘するものである。さらに筆者は、「心と身体と世界の三位一体構造」という心の哲学のテーゼを「生命と情報の自己組織性」という複雑系科学の概念と融合させつつ心脳問題の解決案を提示した。これは前に『意識の神経哲学』で提起した「意識のハード・プロブレムを複数の脳の社会的相互作用の観点から解決する」という姿勢を深化させたものである。

第Ⅲ部では意識の発生根拠を多角的に論じた。まず、意識の系統発生と個体発生という基本事項を確認し、そこから意識の自己経験という問題へと舞い降りた。さらに意識の自己経験を生命の意味への目覚めと関連づけ、生命の自然性と社会性という両側面を顧慮しつつ、意識のエコロジカルな生動性を浮き上がらせた。そして、それに基づいて意識の核に存する自我の創発を論じた。

第Ⅳ部では創発する意識の自然学の体系における時空論の位置を明確化した。これは、意識の本質にとっての時間と空間の意味、ならびに意識の創発における時間と空間という契機の関与の様式を考察するという手法でなされている。時間と空間は西洋の哲学と科学の全領域に関与する普遍的なものであると同時に人間的経験の中核をなす二大枠組みである。この普遍的な概念を意識の創発の問題に応用しない手はない。そう考えて筆者は、これまでの時間・空間に関する研究と思索をこの本の体系の中に活かしたのである。その際、まず生命と時間の関係を論じ、それを身体と空間の関係考察へとつなぎ、最後に意識の創発と時空という大テーマに挑んだ。これによって平板化しやすい時空論が意識哲学の体系の中へと有機的に組み込まれたと思う。

第Ⅴ部では人間の本質を見つめる姿勢で意識の存在論的意味を考察した。その際、まず集合的心性としての精神と自然の自己組織性の関係が論じられ、そこから従来の精神主義と自然主義の対立を乗り越える創発主義の観点が明確化される。これは自然のもつ深い生命的意味を抉り出すものであり、最終的に「自然の大生命と大いなる我」という理念へと収斂するが、その前に比較的一般的な問題に触れている。それは意識の生成にとって歴史と文化と風土がどのように関与するかという話題、ならびに意識の創発と創造的人生の関係の考察である。これは比較的平板な印象を読者に感じさせるかもしれないが、逆に分かりやすく親しみやすいものでもあろう。それはともかく、『創発する意識の自然学』は第22章「自然の大生命と大いなる我」におけるトランスパーソナル・エコロジーの観点を梃子にして終章でのクライマックスに至る。その終章では「君自身にではなく自然に還れ」という筆者長年の懸案が、それまでの思索を総動員する形で結論づけられている。それは「自然へと還帰する意識」を「生命の大いなる連鎖」へと溶かし込むこととして顕わになる。そして、それは個我を超越する思想の創発的生命自然主義による先鋭化に他ならないのである。

以上に概略を示したこの体系的哲学書はたしかにある程度の成果に到達している、と言えるであろう。少なくとも筆者としては満足する出来栄えであった。

最後に『存在と時空』について。この本は存在の意味を時間と空間の視座から解き明かした体系的哲学書である。手掛かりになっているのはハイデガーの『存在と時間』であるが、それにメルロ＝ポンティ的な空間論を加味して、筆者独自の視点から存在論と時空論の関係を徹底的に論じた。率直に言うと、この本は新『存在と時間』である。しかし、それは単にハイデガーの思想を解釈したものではないし、彼の思想を敷衍したものでもない。そうではなくて、あくまで彼に触発されて筆者独自の観点から新たに存在と時間・空間の関係を解明しようとしたものなのである。大綱を示すと、第Ⅰ部「存在論」、第Ⅱ部「時間と空間」、第Ⅲ部「存在と時空」となる。

第Ⅰ部では「存在の意味を問うことの意味」という存在論の定番的問いをまず提起し、基礎固めをした。その際、意味の発生源と存在概念の関係に考察の焦点が絞られたが、この背後には意識と存在の関係を問うという思念が存している。次に存在概念の練り直しを試み、言語の制約を形相的還元によって乗り越えつつ「存在」の本質に切り込む、という新たな方法論を提示した。この方法によって「存在」は、生命の自己組織性との相似性が顧慮されつつ「自己組織化する〈場〉」として顕わとなる。この考え方は『情報の形而上学』においてすでに提起されたものであるが、ここで改めて体系的存在論の視点から明確に定式化されたのである。

第Ⅱ部では時間と空間について多角的に論じた。まず、自己存在の時間的意味と空間的意味を考察し、次に生命と存在の関係を時間概念において統合化する方向で問いかけた。さらに身体の空間性と環境世界の関係をメルロ＝ポンティ的観点によって解き明かした。つまり「生きられる身体」の空間性の世界内属性という彼の観点が継承されているわけだが、それを筆者独自の生命哲学に融合させて、新たな身体＝空間論を展開したのである。ここにおいて初めて空間論が登場するが、第Ⅰ部で主張されていた存在＝場という考え方のうちにはすでに空間の含意があったことに気づければ、筆者の思考と体系構築の一貫性が分かっていただけると思う。

第Ⅱ部の最後の章では意識と存在の関係を時空論から解き明かす、という試みを提示した。これは筆者の意識哲学が存在論の構築に組み込まれていることを示すものであって、ザッハリヒに存在と時空の関係を解明しようする意志が明確に表れたものと言える。筆者の存在論には意識哲学と生命哲学と自然哲学、さらには心身問題が組み込まれているのである。

第Ⅲ部では総括的に存在と時空の関係を論じた。その際プルーストばりの「失われた時を求めて」という思念が論述を牽引していることは注目に値する。筆者は実はハイデガー以上にプルーストから触発されたのである。ただし「失われた時をもとめて」という観点は筆者にとって存在の根源への還帰を意味し、単に失われた過去を取り戻す、ということを意味しない。失われた時を求める意識は存在の意味への問いと融合して、根源的自然への還帰へと向かうのである。その際、存在の意味に自己と生命という契機が含まれていることは言うまでもない。さらに、存在の意味は空間の質との関係が問われ、より深い次元への切込みがなされる。そして、それを梃子にして「時間と永遠」という伝来の問題が議論の俎上に載せられる。これは、これまでの永遠概念の完全否定を目論むものであり、一種の否定永遠学の様相を呈している。しかし、筆者の論点は明快である。つまり、時間と空間の統合的次元において永遠というものを理解しようとし、最終的には新奇への創造的前進として永遠概念を捉えるのである。この思想の背後に筆者の創発主義が控えていることは比較的に容易に看取できるであろう。そして、クライマックスに至る。

第Ⅲ部は「見出された存在の意味と時空」という章で終わっている。ここにもプルーストの影響が表れているが、それは言語表現を借りてきたという程度のものであり、やはり筆者独自の思考の湧出力が強いのである。そして、この個人の思考の湧出の背後には「事象そのもの」のもつ根源的エネルギーが存している。それは「哲学の神」とも呼べるものであり、この神の力が時空的に（時代的にも地理的にも）大きく隔たり、全く交流のない者にも同じような思想を生み出すのである。ただし、ここで使った「神」という語には宗教的ニュアンスは全くない。それは一種の隠喩であり、アリストテレスの純粋形相（pure information）に当たるものである。そして、このことは次の節で述べる「哲学の神髄」ということに関係してくる。

5　哲学——その神髄と道を究めること

長年の研究と思索と執筆の多層多面的積み重ねの末に出来上がった前記の三冊の体系的哲学書であるが、それらをさらに壮大な体系にして一冊の体系的哲学書に集約させることもできる。つまり、情報と意識と存在（と時空）という根本テーマを統合的に論じ、それらが有機的に関係し合いつつ最終的結論へと収斂していくような一つの整合的システムを構築することができる。その際、論述ないしシステム構築の先導役を果たすのは、やはり西洋哲学の永遠のテーマたる「存在」である。情報も意識も時空も、この永遠のテーマを修飾し補佐する盛り立て役なのである。ただし、存在とその他のテーマの格の差はほんのわずかであり、それぞれが極めて重要なのは言うまでもない。

もし、右記の壮大な体系が完成したら、それは筆者の哲学の完成であり、ささやかながら世界の哲学史に名を残しうるものとなるであろう。しかし、それよりも大事なことがある。それは、あくまでこのような体系構築の努力精進を続けることであり、哲学文献学や思想解釈学に逃避しないことである。人が哲学の道に足を踏み入れたとき、意識のどこかに「いつか自分の思想を創り上げたい」という思念があったはずである。

そもそも人はなぜ哲学し始めるのであろうか。哲学的思考の発動点には何があるのだろうか。これに関しては西洋哲学の巨匠たちも哲学の初学者たちも大して変わらないであろう。哲学の巨匠たちも最初は曖昧模糊とした哲学の理念のイメージしかもっていなかったのである。この点は哲学の初学者や素人と同じである。「何か哲学の主題と言えるもの」ないし「言い表しがたいが、とにかく問い求めなければならない万物の究極の原理」といったものが意識と思考の片隅にあったはずである。そしてそれは、そうした根源的問いを発する意識をもった「自己」とその「存在」に関わるものなのである。

しかし、前にも強調したように、無から有は生じない。ただ自分の頭の中で沈思黙考していても前には進めない。やはり先哲の文献を精読しつつ、そこから思考法を学び、問題の立て方を習得し、理論体系の構築へと向かわなければならないのである。しかし、ここに分かれ道が生じる。ある者は哲学的問題そのものを探究する本物の哲学者の道に入っていくが、ある者は先哲の思想の解釈に魂を売り渡してしまい、哲学文献学者の谷へと墜落していくのである。哲学の神髄を会得し、その道を究めたいなら、初学期から無学なくせに「自説を展開してもいいんですか」という脳天気な考えをもつことなく、先哲に学ぶことに努力精進しつつも、他方で「絶対哲学文献学者じゃ終わらないぞ」という意志を堅持し、理論体系構築の思考訓練に明け暮れなければならならない。その思考訓練の道は紆余曲折に満ちたものとなるであろうが、一貫して「哲学の神髄」という理想（イデア）を追求してきた者は、自己の哲学体系の構築に成功する確率が高くなる。そして、それが哲学の道を究めるということなのである。

哲学の道への入り口は多数あり、どういう系統の問題に興味をもつかは人によって分かれる。ある人は親族の死に面しての悲哀の感情が哲学的思索の入り口になったりする（西田幾多郎）し、ある人はデカルトの『省察』で論じられている心身問題に魅了されて科学と哲学を統合する思索の道に入ったりする（デネット）。また、ある人は文学によって人間の本質を見つめることに興味をもったが、文学では飽き足らず、哲学によって思考を深める道を選んだかもしれない。また、ある人は数学や物理学の基礎への関心から哲学の道に入ったりする。比較的多いのは人生論的関心であるが、それも自己の内面に向かうタイプのものと社会的次元へと拡散していくものがあったりする。その際、精神主義的な関心が強いと宗教的次元に入り込みやすいし、合理的思考を好み物質主義に抵抗がないなら科学哲学的方向に赴くことになる。

人生論的関心は実は表層的なものであり、その背後に存在論的関心が無意識裡に控えている。しかし、多くの人はこの存在論的背景に気づくことができず、人生論をそのまま哲学と思ってしまうのである。人生論＝哲学という見方は間違いというよりは疑似ないし似非《えせ》なのである。それは仮象と実相を取り違えている。もし哲学の神髄を捉えたいなら、人生論の背後に隠れている存在論に意識を向け替える必要がある。その際、素朴な人生の意味への関心は「生命」の本質への問いに変換され、思考がより客観主義的になり、普遍的な存在への問いの意味に目覚めることができる。

自己と世界はなぜ存在するのか、そして両者を統合する原理は何なのか。これが存在の問いの基本形である。そして、この問いには主体の意識が関わってくる。これが人間における心と身体の関係や意識と脳の関係にも関与し、哲学と科学（心理学、医学、脳科学）の関係が視野の中に入ってくる。また、自己と世界は情報という媒体によって統合されており、この統合媒体としての「情報」が存在の「意味」ということと深く関係しているのである。さらに、自己と世界を貫く根本形式として時間と空間というものがある。これらすべての契機の関係を整合的に捉えて、それを存在の意味への問いと収斂させてゆき、体系的存在論を構築すること、これが哲学の神髄である、と筆者は思う。

もちろん、他の見方もあるであろう。しかし、思慮の浅い素人や初学者におもねって『哲学の先生と人生の話をしよう』だとか『幸福はなぜ哲学の問題となるのか』などという入門書を書くのは百害あって一利なしだ、と筆者は言いたい。

かなり前だが、哲学研究者仲間での酒の席で、くだらない思想解釈学や死生観の話に飽きて、「自分は物理学と生物学と心理学のすべてを統合・濾過して時間の本質を存在論的に解明することが理想だ」と言ったら、対面していた論敵が観念したように「河村さんは哲学の王道を邁進していますね」と言った。彼はニヒリスティックな人生論に興味をもちつつも研究者としてはイギリス経験論を専攻していたので、さすがに分かっていたのであろう。筆者が抱くような理想こそ哲学の王道であり神髄である、ということを。経験論哲学の原則に沿うと、哲学は帰納的形而上学、つまり全科学の成果を集約しつつ知と存在の究極的原理を問い求める営み、ということになるのである。その代表者はアリストテレス、ホワイトヘッド、そしてアレクサンダーあたりだと筆者は思う。デネットは少し系列が違い、存在論や形而上学に対しては否定的だが、哲学者として哲学そのものを批判しつつ「科学と有益な対話をする新哲学」を推進する姿勢は大いに評価できる。まさに現代のスーパースター、ダニエル・デネットである。とにかくデネットを中心とした現代英米の心の哲学は今後の哲学の在り方を示す羅針盤となっている、と思う。これに存在論的深みと形而上学と宇宙論の壮大さが加われば鬼に金棒であろう。

6　人類の未来と哲学

人類の原型たる猿人が類人猿から進化してこの地球上に誕生してから約七〇〇万年になる。そして、現生人類（ホモ・サピエンス・サピエンス）が誕生してから約二〇万年である。現生人類の脳が生物進化の一つの頂点を示していることに異論はないと思う。そして、その脳は高度の自己言及性と情報処理能力をもち、意識の機能を再帰性において極限まで高め、自己意識の比類なき精密さを創発せしめた。しかし、優れた自己意識の機能を獲得した人間は生物進化の頂点にあると同時に破局への臨界点に立っているのである。

現生人類が生み出した文化と科学と技術は、たしかに他の生物の生活術の延長上にある自然的出来事である。しかし、一般に「人工」が「自然」に対置されていることから分かるように、やはり現生人類が生み出した文明は自然に立ち向かい、それに歯向かい、さらにはそれから著しく逸脱するという傾向をもっているのである。人類は一方では自然の中で自然の恩恵を受けて生きているが、他方では自然を意のままに支配しようとし、「人工」の網の目を地球全体に張り渡そうとし、結果として自己の足元たる自然を破壊してしまうのである。つまり、人類は基本的に自然によって生かされて生きているのだが、知能の進化に自惚れて、というよりそれに操られて、自分の立っている生存の基盤をいつの間にか自分で切り崩しているのである。

要するに、人類は文明と科学技術の進歩に陶酔して、自然の恩恵を忘れ始めているのだが、この慢心に強烈な掣肘を加えるのが巨大な自然災害であることは知る人ぞ知ることである。しかし、あれだけ何度も繰り返した三陸沿岸の巨大津波も二〇一一年には見事に忘却の彼方にあったように、やはり正確に知っている人や本当に憂いている人は極めて少ないのであり、ほとんどの人はただお題目のように人類と自然の共存を謳い上げているにすぎないのである。

その他、原発の環境汚染や核戦争の脅威や高齢化社会による生産性の著しい低下など、人類の破滅を予感させる事象は枚挙にいとまがないが、よく考えてみると、そのどれもが「自然現象」ないし「自然の成り行き」であることが分かる。浪費を繰り返したら破産するのは目に見えたこと、つまり「自然」なのである。しかし、人類は「自分は頭がよいから何でもできる」と自得して、自然のすねかじりをしながら浪費を繰り返し、最後には予定より早く絶滅するのである。ここで「予定より早く」というのは、浪費を繰り返さずにつつましく生きたとしても予定通りいつかは絶滅するのだが、人工性の拡散に歯止めが利かないと、自然の怒りを買って絶滅が前倒しされる、という意味である。

そもそも宇宙の一五〇億年の歴史や地球上での生命の三八億年の歴史に比べたら現生人類（いわゆる人間）の歴史の二〇万年などほんの一瞬にすぎないのである。分かりやすい比喩を使うと、人間の文明の歴史は宇宙や生命の歴史を一年三六五日だとすると、その最後の日、つまり大晦日の午後一一時五五分以後のわずか五分程度のものなのである。つまり、広大な宇宙や自然を尺度とすると人間の存在など芥子粒以下なのである。それゆえ、人間は特別な存在であり、猿よりも神様に近いというような思想は一切捨てなければならない。また、霊魂不滅説、輪廻転生説、精神主義、二元論といった思想もすべて捨てなければならない。そのようなものを信奉するぐらいなら、ジョン・レノンのイマジンを毎日聴いた方がはるかに有益であろう。

それでは現生人類の知性を代表する科学と哲学はどうなのか。それらもやはり無益なのであろうか。そのようなことはない。直前に言ったようなことを考えるために「科学に精通した哲学」が絶対必要なのである。その際、科学は哲学と協力関係を結ぶために技術偏向性を抑制しなければならない。また、哲学の側では単に主観主義や精神主義や反自然主義のスタンスで科学や技術を批判するのではなく、科学史に内在的な立場で科学の在り方を考え、科学と協力して自然との共存を模索しなければならない。

未来は予測できないから「未来」と言われるのである。しかし、ある程度は予測できる。「予測できない」ということは「創発」という概念と関係するが、前世紀に始まった複雑系科学やシステム論では非線形数学を駆使して創発の現象を解明しようとしている。そうしたニューサイエンスでは近代科学の頑な機械論的自然観や物質還元主義は退去させられ、より柔軟な思考姿勢が取られている。この姿勢は哲学と相性がよく、ここに哲学復興のチャンスが潜んでいるように思われる。

先ほど述べた人類絶滅の危機はまさに緊急事態（emergency）であり、創発現象である。そして、未来は「創発現象に関する科学と哲学による柔軟な姿勢」で対処可能である。人類の未来に対処する哲学は、人類の絶滅を潔く引き受けることも辞さない姿勢で自然の大生命の躍動的前進を見守る。しかし、可能ならば自然との共生の全く予想できなかった新たな可能性を切り開き、人類の絶滅を阻止することを、その強靭な創発主義的思考によって実現することもできるのである。
たしかに現生人類に代わる新たなホモ種ないし別の進化した生物（ないし全く別次元の生命形態）が出現する可能性も無視できないが。

主な参考文献

（1）W・ハイゼンベルク『現代物理学の思想』河野伊三郎・富山小太郎訳、みすず書房、一九七〇年
（2）プラトン『ソークラテースの弁明・クリトーン・パイドーン』田中美知太郎・池田美恵訳、新潮文庫、一九九〇年
（3）プラトン『ティマイオス』（『プラトン全集』12、種山恭子訳、岩波書店、一九八七年）
（4）アリストテレス『形而上学』（上・下）出隆訳、岩波文庫、一九八〇年
（5）拙著『情報の形而上学――新たな存在の階層の発見』萌書房、二〇〇九年
（6）拙著『創発する意識の自然学』萌書房、二〇一二年
（7）拙著『存在と時空』萌書房、二〇一六年
（8）D・C・デネット『思考の技法――直観ポンプと77の思考術』阿部文彦・木島泰三訳、青土社、二〇一五年
（9）蔵本由紀『新しい自然学――非線形科学の可能性』ちくま学芸文庫、二〇一六年

第2章 存　在

はじめに

「存在」は西洋哲学の根本問題の一つであるが、その重要性は群を抜いている。

この世界で起こる出来事の究極的意味や原理を問い求めていくと、最後に「存在」というものに突き当たるのである。世界がどういう素材から出来上がっているか、という問いがすべて答えられても、それがなぜそもそも存在しているのか、という問いは残る。また、人間の身体がどういう物質の組成から成り立っているか、という問いがすべて答えられても、なぜそもそも「私」という生命個体が今、ここに存在しているのか、という問いは残る。最後に残るこれらの問いに答えることは簡単なようでいて難しい。なぜ難しいかというと、これらの問いは質料因や始動因を超えた形相因と目的因を求めているからである。

逆に存在の問いなど無益である、という考え方もある。そもそも自明な「存在」という概念に深みなどなく、単に対象が空間内の一地点を占有していること、つまり何かが眼前にあること、として理解すればよいだけではないか、というわけである。そして、抽象的な思念内容の存在に関してもそうした理解を敷衍させればよいだけで、やはり存在の深い意味など探究する必要はない、と断定される。事実、存在の深い意味など問わなくても、世界内の諸々の事象の組成は解明できるし、生活に困ることもない。しかし、生活上の実用性や物質世界の表面上の因果・組成だけを重視していると、結局は足元をすくわれるのである。

我々が存在の意味を問うのは、存在の反対、つまり無に直面したときである。具体的には自己の生命を脅かす死の可能性に直面したときや、自らが生活する地域や国家が災害や戦争によって壊滅状態になったときである。このとき我々は自己を生かしてくれていた奥深い原理に薄々気づき、それに思いを馳せるのである。その奥深い原理は自然の生命的自己組織性である、と筆者は思う。筆者が構想する存在論は生命論と密接に関係しており、存在概念は生命の自己組織性との深い関係性から捉えられるのである。さらに自然哲学的視点も加味され、生命の自己組織性は能産的自然の自己組織性へと敷衍される。

我々は、存在の意味を問うとき、単に「存在者が〈在る〉」という平板な理解を超えて、「存在者がそれによって有らしめられている原理」へと視点を向け替えなければならない。そうすれば、この「有らしめる原理」は「場」という性格をもち、「存在」は「自己組織化する〈場〉」であることが理解されるようになる。それがどういうことか、以下詳しく説明することにしよう。

1　存在と重力の意外な関係

存在の深い意味を開陳する前に基礎的な存在経験について考察しておこう。

我々がさしあたってたいてい「存在」ということを経験するのは、やはり何らかの存在物が眼前に「在る」ということからである。そして、この経験から「存在するとは知覚されてあるということだ」という表層的な存在概念が生じる。見たり聞いたり直接経験することから物事の本質を理解しようとするのは人の性《さが》であり、この傾向が存在概念の理解にも表れるのである。知覚の対象から存在概念を捉えるのとは逆に、知覚の主体である自己が「今ここに在る（ないし居る）」という経験から存在概念を主観的に捉える視点もある。どちらも「存在者が在る」という基本的経験から存在概念を捉えようとしているが、後者つまり自己存在の経験は一筋縄ではいかない性格をもっている。主観的な存在経験と客観的存在経験では存在理解に若干の差異が生じるのである。ただし、主観的な存在経験から存在の深い概念を捉える方向に直接進むことはできない。なぜなら、主観的な自己存在の経験もやはり「存在者が在る」という表層的な存在概念に囚われたままだからである。

それでは、存在の深い概念を捉えるためには何に着目すればよいのだろうか。それは「存在者が在る」ということから生じる主観的ならびに客観的存在理解に共通する「自然の性質」である。知覚の対象としての存在物の「在る」ということ、ならびに知覚の主体としての自己ないし「私」が「今ここに居る」ということ、この双方に共通するのは重力という自然の物理的性質である。知覚の対象も自己もその存在には地球の中心へと向かう下向きのベクトル（↓）が関与している。存在の深い概念に到達するためには、日常的な表層的存在経験に重力という自然の根本性質が関与していることをまず看取する必要がある。

地球上の物体の重力は地球という「存在の場」がもつ引力から発生する物理的性質である。ちなみに引力というものは目に見えない関係的存在態である。だから、ニュートンが最初に万有引力の法則を発見し、引力の存在を強くアピールしたとき、当時の自然科学の世界ではオカルトめいた説として受け取られたのである。我々の存在理解は科学の世界においても科学以前の日常態においても基本的に個別の物体ないし粒子に定位して形成される傾向が強く、物体や粒子の間で働く「関係的存在態」は「無」として理解されやすいのである。現在では引力と重力の存在を否定する人はいないが、それは関係的存在態というものの認識が多くの場合ゆっくりと人々の間に広がっていくからである。

とにかく我々は、基本的に存在の経験と理解に重力という自然の性質が関与していることに注意しなければならない。しかし、単に物理学的に存在と重力の関係を捉えよと勧めているわけではない。それでは平板化してしまう。肝要なのは、重力感覚と存在感覚の相互浸透性に着目することなのである。

「存在」は、まず初めに概念的に定式化しておこうとしてもできない、という厄介な性質をもっている。また、時間をかけて学習したり、順を追って理解を重ねて行ったりすれば捉えることができるというものでもない。それは比喩的に言うと「近すぎて遠く、遠すぎて近い」謎めいた概念なのである。それはまた忘却されているだけであり、学習する必要はなく、ただ想起すればよいものという性格をもっている。単純に対象化して理解しようとすると、その対象化の眼差しの背後に退いてしまうのである。

こうしたことを顧慮すると、存在と重力、より正確には存在感覚と重力感覚の相関性に着目することの重要性がいよいよ顕在化してくる。というのも、自己存在と連携する重力感覚は、対象化以前の存在経験に属し、「近すぎて遠く、遠すぎて近い」存在の奥深い本質を示唆するものだからである。そして、この自己存在と重力感覚の連携は知覚対象の存在理解にも敷衍され、存在経験全般と重力感覚の統一性が顕在化してくる。また、自己存在の経験と重力感覚の連携ないし相互浸透性には自己の身体性と生命感覚が関与してくる。

このことを如実に知らせてくれる日常的経験として、眩暈《めまい》の発作を挙げることができる。眩暈を経験しているとき、我々は身体とともに意識も浮遊し、症状がひどい場合には生命の危機すら感じる。このとき普段は意識の背景に退いている重力感覚が動揺態において顕現してくるのである。ちなみに、この重力感覚は身体意識と相即しているので、眩暈の際、我々は重力と存在の融合的感覚を身体と意識の統合性の次元で体験する。そして、この体験は存在と生命の表裏一体的関係も気づかせてくれるのである。さらに、そこには能産的自然の自己組織性が関与してくる。というよりは、こうした経験すべての総元締めが能産的自然の自己組織性（これこそ「存在そのもの」である）なのである。

眩暈の経験は特殊な例だが、自己の生きられる身体の感覚に着目するなら、重力と存在の生命感覚的融合性が理解できるし、その融合性の根底に能産的自然の自己組織性が存していることも分かり始めるであろう。このことについて次に詳しく説明することにしよう。

2　身体性・生命・存在

我々は、頚髄損傷による上半身・下半身麻痺やＡＬＳ（筋萎縮性側索硬化症）などの災難を被っていない限り、自己の身体を環境世界の空間内で自由に動き回らせ、運動感覚を満喫している。そして、この運動感覚には意識と身体の統一性、ならびに自己と環境世界の統合性が付随している。「私は生きている」という生命感覚は、この運動感覚と切っても切り離せないものであり、後者は全身麻痺の際にも潜勢態において機能しているのである。そして、前者をサポートしている。

運動感覚における意識と身体の生命的統一性は、存在と重力の表裏一体性を身体知の次元で理解させてくれるが、その身体的理解を根底で支えているのは能産的自然の自己組織性である。

自分の身体が地球の中心へと引き込まれる「重力」に支配されていると感じるのは、眩暈や貧血や意識混濁、あるいは全身麻痺で寝たきりの際に顕著である。しかし、健康で活発に運動し、自己があたかも重力に自由に逆らっているように感じる際にも、実はそれは我々を支配しているのである。このことは普通の姿勢や運動状態では分かりにくいが、逆立ちしたときや柔道の投げ技を食らったとき、それは図らずも顕在化する。また、無重力状態に置かれたときも逆に重力のありがたさをその経験者に認知させ、重力と存在の深い関係性を改めて認識させてくれるであろう。とにかく我々は健康なときも全身麻痺のときも無重力状態に置かれたときも重力関連的存在者であることに変わりはなく、その意味で存在と重力は不可分に深く関係しているのである。そして、この不可分関係は自己の生きられる身体の生命感覚において融合的に捉えられる。

このように言うと、存在概念が自己の主観的経験を基点として理解され、一種の主観主義になっているのではないか、という反論が生じる可能性があるが、それは当たっていない。自己の主観的経験は、身体を欠いた純粋思考から発するのではなく、能産的自然の自己組織性と直結した「生きられる身体」から発するものなのである。「能産的」とは能動性と産出性と主体性を一語で表したものであり、自然自体が能動的主体性をもつことを意味する形容句である。また周知のように「自己組織性」とは、あるシステムにおいて設計者や中央制御機関なしに部分（ないし要素）の局所的相互作用から全体の秩序が自発的に形成されることを意味する。そこで「能産的自然の自己組織性」は、主観と客観が分離する以前の自然の様態を言い表したものであり、それが「能動的主体性」をもつという表現を擬人化や主観化として受け取ることは間違いなのである。

主観‐客観の対置図式の先鋭化は近代の機械論的自然観と連携している。そして、この機械論的自然観が反転的に精神の過度な脱物質化を促し、心身二元論を強く推し進めるのである。現代の人々も暗々裏に心身二元論と機械論的自然観を信奉しているので、それに連携する素朴な主観‐客観対置図式に翻弄されて、「能産的自然」とその自己組織性を理解できないでいる。しかし、哲学と科学双方の進歩は心身二元論と機械論的自然観の克服を称揚してきた。それは単なる流行ではなく、研究と思索を重ねた上での事象に即した真理なのである。

とにかく、我々は主観‐客観対置図式に囚われることなく、自己の身体的経験によって認知される存在と重力の一体性が、能産的自然の自己組織性によって根底から支えられていることを承認すべきである。そして、そこから身体性と生命と存在の三位一体性の理解へと進まなければならない。

我々各自が「存在する」ということは「生きていること」と密接に関係しており、この関係は「生きられる身体」が「能産的自然の自己組織性」と直結するものであることを理解するとき、より明瞭となる。「能産的自然」は「生きた自然」と言い換えてもよいもので、自ら有機的な秩序を産出しつつ我々の生存の場を形成する働きをもっている。そして、それは生々流転を繰り返す時間的性格をもっている。また、それを時間の矢によって駆動される生成的存在性格と言い換えることもできる。我々がその中で生きる大宇宙はビッグバンによって誕生し、物質の分子的進化から生命を創発せしめ、さらに現生人類の自己意識を創発せしめた「進化する時間的有機体」とみなすことができる。その宇宙の子である我々の意識も時間の矢によって駆動される同様の性格をもつのは当然のことであり、我々の意識の本質は、結局は宇宙の物理的本性を反映していることになるのである。しかし、個人の意識と無限の大宇宙ではあまりに落差が大きすぎるので、自己とその生存の場としての地球の関係に着目し、前述の存在と重力の関係を捉えた方が得策だと思う。

我々は、太陽から光の恩恵を受ける地球という自然の自己組織性によって生命を維持している。つまり、太陽系の中の地球という自然によって生かされて生きているのである。この自然の恩恵は、純粋自我の純粋思考によってではなく物質系と直結した身体の生命感覚によってダイレクトに捉えることができる。

我々は、「存在」というものに対峙すると、もっぱら抽象的な思考によって概念把握しようとする傾向をもっている。それに対して、有機的物質系であり宇宙全体と時間の矢を共有する人間の身体の生命感覚から「存在」というものを理解しようとすると、精神と物質、あるいは主観と客観の二元論的対置の彼方にあるその本質が仄かに見えてくるのである。そして、その本質には「場」という性質が深く影を落としている。しかも、それは自己組織化する「場」という性質である。そこで次にそれについて考えてみよう。

3　自己組織化する「場」としての存在

「場」は「空間」と類似の概念であるが、後者と違って特定の事柄が生起する特定の範囲を指し示すことに特徴がある。それゆえ、個体や出来事がそこにおいて存在したり生起したりする舞台という意味合いをもっている。つまり、「場」は存在者の存在を準備する先行的枠組であり、結局は存在者を存在せしめる原理なのである。この原理を根源的力と言い換えてもよい。あるいは「場」は出来事ないし現象の生起を準備する先行的枠組みであって、結局は事象の生起と生成を可能ならしめる原理なのである。ここで注意したいのは、このようなものとしての「場」が「存在」というものを「存在者が在る」という普通の意味から「存在者を有らしめる」という能産的意味合いへと形相的に還元させる役割を果たす、ということである。これは存在概念の形相的還元を意味するのだが、それは後で説明することにして、「場」の概念を今一度おさらいしておこう。

電場、磁場、重力場といった物理学上の概念が示唆する通り、「場」はエネルギーの布置によって構成され、その中で諸粒子が特定の物理的性質を帯びて活動するのである。そして、そこには粒子の運動と生成消滅を決定する時間的動力性や空間的相互作用が働いている。このような有効圏域として「場」というものは理解される。つまり「場」は何もない空虚な空間ではない。また他の学問分野でも生命場とか形態形成の場とか情報場という類似の概念が使われる。それらも「場」という概念が生命活動や形態形成や意味を伴った情報伝達が生起する有効圏域を指すものとして使われている。こうした有効圏域としての「場」が自己組織性という性質をもつことは容易に看取できるであろう。エネルギーの布置によって構成され、出来事や現象の生起の時間・空間的様式の基盤を形成するという働きは、まさに自己組織性ないし自己組織能を意味するからである。

ここから「存在」が「存在者が在る」ということではなく、それを可能ならしめる有効圏域としての「自己組織化する〈場〉」であるという結論を導き出すことができる。これによって「存在者が在る」という一般的存在理解に先行する「存在の舞台」に思考の重心が移し変えられ、この舞台が自己組織性という性質をもつことが捉えられる。これは、存在というものを「物体が空間内の一点を占める」ないし「知覚されてあること」として理解する一般的観点の裏側を抉り出すことを意味する。また、それは言語によって制約された存在概念に関する我々の思考を解体し、再構築することを意味する。つまり、言語による思考の呪縛を形相（本質）に向けて解き放つのである。我々の日常的思考は言語によって制約され、呪縛され、翻弄されているが、それらによって形成されるベールをはぎ取って存在の形相が強引に抉り出されるのである。

ちなみに「形相」は「本質」ということと同時に「秩序の形成原理」を意味する。そして、この秩序の形成原理という性格は能産的自然の自己組織性と直結したものである。それゆえ、言語による思考の呪縛を打ち破って存在概念を「自己組織化する〈場〉」として本質看取することは、「存在の形相的還元」であると言うことができる。そして、この形相的還元は、人為的な主観‐客観対置図式を超克して、我々の思考を自然本体の方へと還帰させることとなる。つまり、存在の主観主義的対象化が克服され、自然と一体となる形で存在の本質が理解されるのである。この際「私」というものの存在の理解も変容する。つまり、自己存在が自然の大生命と一体となったものとして理解され、近代的自我のせせこましい主観性の観点が乗り越えられ、大いなる我へと脱皮するのである。

「私」と「自然の大生命」は渦動的統合態を形成している。そして、存在の根源を能産的自然の自己組織性とみなし、形相的還元によって存在を「自己組織化する〈場〉」として概念把握し直すことは、結局は存在と生命の表裏一体関係を理解することなのである。存在の形相的還元を遂行する際には、生命の自己組織性の概念を適切に参照することが肝要であり、これによって「有らしめる」という存在の働きを合理的・自然主義的に捉えることが可能となるのである。

我々は自然の恩恵によって生きている。つまり、自然によって生かされて生きている。そして、自然は自己組織化する有機体として、あらゆる存在者の「存在の場」を形成している。我々は、この自然の能産的働きから養分を吸収して、生存活動を営んでいるのである。この生存活動には当然、思考と意識も含まれる。存在は概念化されるとき思考が深く関与するが、その思考も生命機能の一部として自然の恩恵の上に成り立っていることを理解することが、我々を深い存在理解へと導くのである。

4　存在概念の炙《あぶ》り出し

「存在者の存在」と「場としての存在」は同じ「存在」という語を使っているが、意味が違う。もちろん重なる部分もあるが、根本ところでは全く意味が違うのである。我々の主観主義的対象化の観点からすると「存在」は基本的に「対象が空間内の一点を占める物体的存在者が知覚されてあること」として理解され、その理解が抽象的思念対象にまで敷衍される。つまり、物も事象も観念もすべて基本的に「存在者の存在」として理解されるのである。これは存在者を基点として捉えられた存在概念である。それに対して「場としての存在」は存在そのものの側から「存在者の存在」を格下の概念として見下ろす観点から捉えられた存在概念である。この際「存在者の存在」ないし「何らかの対象が知覚空間ないし思考空間の一点を占めている」という観点はエポケーされている。つまり、一般的存在概念が括弧でくくられ、思考の枠外へと追い出されているのである。このエポケーの作用なしには根源的存在概念は浮かび上がってこない。しかし、我々の思考は言語によって頑固に制約されているので、どうしても「存在」というと「存在者の存在」を連想してしまう。そこで、このエポケーの際には「存在」という言葉そのものを一旦思考から追い出してしまうことが必要となる。そして、その代わりに「存在」の周囲を取り囲んでいる「世界の根本的構成要素」の方に視点を移すのである。そして、世界の根本的構成要素は物心統合的な「経験の契機」として我々の意識に現れる。裏返して言うと、この経験の契機は世界の情報構造ということになる。

経験の契機として代表的なものは世界、自然、時間、空間、物質、生命、意識、身体性、情報などである。我々は、「存在」という思念内容を一旦エポケーしておいて、こうした諸々の経験の契機からフィードバックをかけつつ、次第に根源的存在概念を炙り出していかなければならない。そもそも直接存在概念を解明対象にするから、挫折したり、紋切り型の理論に陥ったりしてしまうのである。「存在」とは最も空虚な概念であり、思考対象にするや否やその本質が雲隠れしてしまい、陳腐な内容しか残らないのである。

「存在」は概念である以前に経験である。「なぜそもそも存在者が存在していて無ではないのか」とか「なぜ私はあのときあそこではなく今ここに存在しているのか」という問いの形で表出される存在の根源的意味への関心は、そうした関心をもつこと自体が問題なのであり、通常の「問い-答え」という形で解明されるべきものではないのである。つまり、存在の原因と結果を直線で結ぶような思考法では解けない問題なのである。その代わりに、この「関心」を右記の諸々の経験の契機と関係づけて考察し、その問いを発する意識の核心に迫っていくなら、「場としての存在」の概念が次第に顕現してくるであろう。次章以下で扱う問題はすべて哲学の究極的問題としての「存在」の本質を炙り出すためのものであり、読者は安易な答えを求めることなく、辛抱強く「存在の周辺」を旋回しなければならない。それに耐えた暁には、見出された存在の意味を味わうことになるであろう。

5　創発する存在の自然学

筆者は二〇一二年に『創発する意識の自然学』という著書を上梓した。この本は自然の大生命の躍動的前進に根差した意識の根源学の構築を提唱したものであるが、その思考体系は創発の存在論という方法によって統制されている。つまり、その思考体系は意識論であるとともに存在論でもあるのだ。しかし主役となっているのは、やはり意識の方である。もともと意識の方が存在よりも扱いやすい。意識も存在に劣らず抽象的で対象化しにくい思考案件であるが、さすがに後者よりは経験内容に分解して再構成しやすい。そして、哲学と科学の対話という舞台で論じやすい。しかし、ここで新しい案が浮かぶ。それは、「創発」と「自然学」という契機に着目すると、「存在」も意識と同様に扱いやすくなるということである。『創発する意識の自然学』と相似の『創発する存在の自然学』という哲学書を書くことができる。事実、筆者は二〇一六年の『存在と時空』の末尾近くで「創発する存在のクオリアの自然学」を提唱している。しかし、存在のクオリアではまだ存在の核心には迫っていない。やはり「場としての存在」という隠れた本質を解き明かす創発主義的存在論が本格的に論じられるべきである。

そもそも筆者が「自然学」と言うとき、そこには「ピュシス学」という含蓄が込められている。周知のようにギリシア語のピュシスは「立ち現れて自己展開する自然の生成的本質」という哲学的意味をもっている。これは東洋哲学における「自然《じねん》」と類似の概念であり、「自ら然る」という意味合いをもつので、現代のニューサイエンスにおける自己組織性の概念とも共通性をもつことは容易に看取できると思う。そして言うまでもなく、自己組織性は創発の概念とペアをなしている。そこで、思考を集中させるべきなのは「場としての存在」がいかにして創発してくるのか、ということになる。さらにその際「自己組織化する場」というものを徹底的に論じるのである。そうすれば「創発する存在の自然学」の本質は自ずと現れてくるであろう。

そのときにも未来における予期せぬ事態の突発、つまり創発が深く関与してくる。この宇宙全体も我々各人の生命も時間の矢によって深く規定された進行形の性質をもっている。来るべき二一世紀に地球と人類がどのような状態になっているかは予測不能な部分が多い。「存在」とは、こうした予期せぬ事態や時間の矢との関係において捉えられるべき創発的事象である。筆者が構想する「超‐哲学」は創発主義的思考を駆使して、時間の進行とともに突如現れる存在の本性を捉えることを趣旨とするものなのである。ただし、ここではこのことにこれ以上立ち入ることはせず、最終章において改めて詳論することにしよう。

主な参考文献

（1）プラトン『ソフィスト』新海邦治訳（山本光雄編集『プラトン全集』2、角川書店、一九七四年）
（2）アリストテレス『形而上学』（上・下）出隆訳、岩波文庫、一九八〇年
（3）M・ハイデガー『存在と時間』原佑・渡辺二郎訳、中央公論社、一九八七年
（4）M・メルロ＝ポンティ『知覚の現象学』（上・下）竹内芳郎他訳、みすず書房、一九八七年
（5）廣松渉『事的世界観への前哨』ちくま学芸文庫、二〇〇七年

（6）拙著『情報の形而上学——新たな存在の階層の発見』萌書房、二〇〇九年
（7）拙著『存在と時空』萌書房、二〇一六年

第3章　生　命

はじめに

「生命」は「存在」と並ぶ哲学の根本問題の一つである。そして、前章でも指摘したように生命と存在は表裏一体の関係にある。

生命を問題とする学問は哲学の他に生物学や医学がある。現代の学問分類では生命科学という領域もあり、これが生命研究の先導役を果たしている。しかし、生命は単に学問ないし科学の探究対象にとどまるものではなく、生命と意識と自我をもつすべての人間が関心をもつ普遍的な思考案件である。そして、生命は存在よりも抽象度が低く、日常生活や科学的データと対照させやすい具体性をもっている。特に人間的生死の問題は、生きている限り誰もが考えざるをえないものであり、哲学や科学に疎くても個人的に深く思索できる性質を有している。人生論や死生観はたしかに低俗に流れやすい傾向をもつが、難解な理論哲学に拒絶感のある一般人を哲学に誘《いざな》うためには有効な手立てとなる。実際、生老病死の問題に定位した仏教哲学の文化圏で育った日本人は、生命の問題から哲学に入っていくことが多い。

ところで、生命の問題は理系と文系の両方に及ぶ広範性をもっており、一筋縄ではいかない複雑系の深みを帯びている。ちなみに、哲学もまた文系と理系の双方を股にかける両義性をもつ学問である。しかし、日本人の多くは哲学をもっぱら文系的思考に属すものとみなす傾向が強いので、科学哲学における生物学や生命科学との対話など、その存在すら知らないことがほとんどである。ただし生命倫理学には興味をもちやすい。これは臨床医学のデータなども話題となる理系的性格をもつにもかかわらず、科学音痴の文系人をも容易に引き込みやすい通俗性をもっている。それは、この学問が死生観や人生観と直接リンクしたものであり、哲学としては文系的通俗性に傾いているからである。

筆者は生命倫理学よりも生命哲学を称揚したい。二つのどこが違うのか、という意見が出そうだが、両者の間には存在論的深みにおいて格段の差がある。生命倫理学は臨床医療の実務に直結するものであり、世界の根本的本質を探る存在論的普遍性とは無縁である。それに対して生命哲学は、もともと「生命」そのものの存在論的本質への関心から生まれたものであり、死生観や日常的臨床事象を超えて、人間存在そのものや物質と精神の関係や宇宙の根源にまで関心が広がる理論的深みに彩られている。そこで当然のごとく生命哲学は科学の諸領域と対話することになる。そして、科学と協力して生命の本質を探究しようとする。

生命哲学が科学哲学的性格と存在論的性格の両方をもつことは、存在論の祖アリストテレスが哲学者兼生物学者であったことを想起すれば、容易に理解できると思う。彼は生物学の祖として博物学的な生物分類に精を出したが、「生命とはそもそも何なのか」という根本的問いを常に念頭に置いていた。生物学者や生命科学者でも哲学的な人は、単に生命のメカニズムの解明やその技術への応用だけではなく、「生命とは何か」という存在論的根本問題に興味をもつものである。哲学者は彼らの期待に応えてやれるような「生命の本質に関する科学哲学的かつ存在論的見解」を提供しなければならない。しかし、それだけでは物足りない。直前で一旦見下したが、実は人間的生死の問題もやはり重要なのである。それは科学を超えた実存的意味によって深く規定されている。ただしそれは宗教的超越性よりは文学的現実性に親近的なものであり、合理性の範囲内にある。それは科学と日常生活との間に張り渡された哲学的問題なのである。

ところで、本書のこれまでの論述で頻用されている「創発」という概念は、もともと進化生物学由来のものであるが、実は生命の存在論的本質の理解にとって極めて重要な意味をもっている。また、創発の概念は文系と理系を股にかける複雑系科学の中核概念でもある。とすれば、右に述べた生命問題の複雑性と難解性は、創発主義的思考によって緩和されることが期待されるのである。

以上のことを顧慮して、生命の本質について考えてみよう。

1　人はなぜ生命の本質的意味を問うのか

「生命とは何か」と問う前に、なぜ人はそのような問いを発するのか、について考えるのも一興である。

そもそも「生命とは何か」という問いは漠然としており、多方向に分岐する関心を一身に内包している。まず、生命活動の物質的組成と生理的システムというメカニカルな事柄への自然科学的関心がある。この方向性は堅実性をもち、ある程度明確な解答を期待できる。また、その見解に深みはないものの、万人が認めざるをえない普遍妥当性をもっている。今日、生命科学における生命のメカニズムの説明が最も信頼を得、着実に進歩している、と言える。しかし、この方向性では満足できない人が多いのもまたたしかである。「生命とは何か」と人が問うとき、彼の意識の奥底には単なる生命のメカニズムに関する関心を超えたものが存しているからである。それは生命の意味や価値への関心であり、そこでは質料因や始動因を超えた目的因や形相因が問題となるのである。

生命の意味や価値は「尊厳」という概念も巻き込みつつ人間各自の人格的核心に触れるものである。さらに人間の尊厳という生命の重みは、生命あるもの全般に適用される。つまり、人間以外の生物の生命にも尊厳が認められるのである。動物保護の姿勢はこの傾向を体現している。また、生命の尊厳の思想は生物以外にも適用される。環境保護や自然保護の姿勢がこの傾向を体現している。ここに注意すべき点が存している。それは、生命の意味は単に「生命をもつもの」ないし「生物」に関わるだけではなく、「生命をもたないが生命の基盤となっているもの」とも無視できない関係性をもっている、ということである。言うまでもなく、我々人間を含むあらゆる生物は、環境と自然という生命基盤によって生かされて生きている。存在の問題を扱った前章で、我々は能産的自然の恩恵によって生かされて生きている、ということを指摘したが、その観点はここでも生かされるべきである。

「生命とは何か」という問いは、実は生命個体の生命のメカニズムや価値的側面を超えて、こうした生命基盤への存在論的関心を奥底に秘めたものなのである。それゆえ、生命のメカニズムに関する科学的説明では腑に落ちないものが残るし、生命個体の価値や尊厳、あるいは生物保護の思想でもまだ足りなく感じるのである。

「生命とは何か」という問いは、生物の生命を超えて能産的自然の自己組織性まで延び広がる存在論的意識から生まれてくる、広くて深いものである。我々は、ある問いがどうしても解けないと悩んだら、それは問われているものがその範疇を超えたものと関係しているからである、と気づくべきである。生命の本質や意味は、生命だけを問題にしていては分からないのである。それでは、だいたい事実的側面と価値的側面が分裂したまま、理系的説明と文系的説明が拮抗して終わりとなる。つまり、物質的メカニズムと意味・価値・尊厳の系統が接点をもたないままになって、それぞれの方面に興味をもつものはそれで終わりとなる。これでは、心の奥底に引っ掛かりを感じる「あの生命の本質への秘められた問い」は、迷宮へと退かざるをえない。あの問いの感覚は欲求不満のままに解消されないで残るのである。

筆者は長い間、意識哲学と生命哲学と自然哲学を並行して研究してきた。その研究の蓄積から言えるのは、生命の本質は意識および自然と不可分の関係性をもつ、ということである。換言すれば、生命と意識と自然は三位一体の構造をなしており、三者間には循環的相互浸透関係が成立しているのである。それゆえ、生命の本質を知りたいなら、我々はそれと意識および自然の関係を繊細な視点で思索に取り入れ、肌理の細かい説明体系を構築しなければならないことになる。これができないから、多くの人は自然科学的説明と人文社会科学的説明、あるいは理系的説明と文系的説明のどちらかに加担して自己満足せざるをえなくなるのである。

「生命とは何か」という問いを発する意識は、その意識の所有者の生命から発してくる。そして、その生命は能産的自然の自己組織性によって支えられている。つまり、自然の恩恵によって有らしめられているのである。こうして「能産的自然の自己組織性」→「生物個体の生命活動」→「その個体の意識」→「生命の本質への問いかけ」という階層構造が成り立っていることが分かる。この階層構造を理解し思考に取り入れない限り、生命の本質への我々の問いかけは堂々巡りに終わってしまうであろう。

ただし、方向性の異なる問いかけが無意味だということはけっしてない。むしろ、一挙に問いのシステム論的統一を求めることは危険である。これまでの人類の知的遺産を継承する形で、伝来の自然科学的説明や人文社会的理解それぞれの相応の価値を理解し、安易に統合することなしに知見を深めるのは一向にかまわない。しかし、最終的解決策はシステム論的統一の方向にあることは銘記しておいてほしい。ちなみに、これまで何度か触れた現代のニューサイエンス（複雑系科学、非線形科学、システム論など）は、従来の頑なな機械論的自然観や唯物論的還元主義を否定する柔軟な姿勢を基調としている。それは文理融合の視点も備え、近代科学が否定したアリストテレスの目的因と形相因を洗練された形で復興させる有機的自然観の方向性ももっている。ここには一九世紀以降廃れた科学と哲学の対話・統合の復興動向が看取される。そして、そこには新たな生命哲学の創発のチャンスが潜んでいるのである。

2　この宇宙に生命と意識が誕生したという驚異的事実

人はなぜ生命の本質的意味を問うのか、についてさらに掘り下げて考えてみよう。

我々が無限の宇宙の中での自己の存在の意味に思いを馳せるとき、「なぜこの宇宙にそもそも生命と意識が誕生したのか」という普遍的で根源的な問いに思考が収斂していく。もちろん、そこまで深く考えない人も多いと思うが、存在意識が深い人はこの問いに関心が吸引されるのである。ちなみに、この問いが「普遍的」だと言うのは、それがいつの時代でもどういう地域でも万人が関心をもちえ、かつあらゆる知的関心（学問、科学、個人的思索など）の帰着点となる、という意味である。そして、この問いが「根源的」だと言うのは、それがあらゆる知的関心が最終的に向かう究極点である、という意味である。あるいは端的に最も深い問いであり、答えを求めても地団駄を踏まざるをえない難解性に彩られている、という意味である。

「なぜこの宇宙にそもそも生命と意識が誕生したのか」という問いは二つの側面をもっている。一つは自然科学的法則性を求める方向性であり、これには着実な研究の蓄積と成果がある。そして、人はそこから一定の答えを得ることができる。ビッグバンによって誕生した宇宙が、物質の分子的進化を累積させ、ついには自己複製する核酸（ＲＮＡとＤＮＡ）という有機高分子を創発せしめ、これが生物というものを生み出し、その生物が原始状態から進化的複雑化を繰り返し、ついには意識をもった生物の創発に至ったのである。ここに宇宙の誕生→物質の分子的進化→生命の創発→意識の創発という明確な因果関係が示されている。これは生命と意識を神秘化せずに、あくまでその物質的基盤から説明するという自然主義的合理性をもった説明体系である。我々は、つい生命と意識を超自然的なものと思ってしまう。それらに物質を超えた精神性を感じるからである。特に古い宗教や哲学はこの傾向が強く、自然科学的説明を認めない頑なさに彩られている。こうした不合理主義は排除されなければならないが、自然科学的説明も、それが線形的因果関係から物質→生命→意識という発生過程を捉えようとするなら、「なぜ」という存在論的関心には十分応えることはできないのである。

「なぜこの宇宙に生命と意識が誕生したのか」という問いは、意識をもった生命体が発するものであり、その問いを発する主体の存在論的関心から生まれてくる。プロの自然科学者にせよ素人の思索家にせよ、この問いを発するのは当人の意識である。それは宇宙と我そのものとの対峙意識であり、これが基点となってこの宇宙における生命と意識の誕生を解明しようとする意欲が湧き上がってくるのである。プロの科学者の場合、それは誕生の明確な因果関係の解明へと向かうし、素人の思索家の場合、単に驚嘆の念として意識に刻印されるにとどまることが多い。しかし、古代ギリシアにおける哲学と科学の誕生過程からも分かるように、探究の端緒は自然の存在の事実に対する驚嘆の念にあったのである。そして、これに自己存在の唯一無二性に対する驚嘆の念が加わる。「私」はたしかに無限大の宇宙に比べれば矮小だが、その意識によって宇宙全体を包み込む拡散的性格を有している。「私」がなければ宇宙は存在しないのである。ただし、この観点は主観的観念論に陥る危険性をもっている。つまり、宇宙は「私」の表象内容であって、それ自体では客観的実在性をもたない観念的存在態である、という思想に傾いてしまうのである。これは避けなければならない思考姿勢である。そうではなくて、物質の進化の究極として生まれた意識が、そもそも物質そのものの発生起源を問う生来の性質をもっている、ということに気づいてほしいのである。換言すれば、「そもそも進化する必要がない物質が、なぜ進化し、複雑化を繰り返し、生命と意識を創発せしめたのか」ということの理由（原因）の探求の際に、物質にもともと形相因と目的因が備わっており、それが最終的に宇宙の存在の根源に興味をもつ「意識」として結晶化した、という付帯事実を顧慮してほしいのである。

宇宙の根源や生命と意識の誕生に興味をもつ我々の意識は、「なぜか進化し複雑化する物質」の原初的性質を反映したものであり、一見隔絶しているように思われる精神と物質は深い次元では一体のものなのである。そして、この観点こそ「創発」という概念ならびに創発主義的思考の発生の核心に当たるものである。「創発」の概念は、「生命と物質」ならびに「心と物質」という二つの思考課題の探究に伴って生まれた、という経緯をもっている。そして、創発主義的思考の根本図式は「物質→生命→心」という階層である。この階層図式において物質が最下層にあり、その上の層に生命があり、最上層に心がある、とされる。これは一種の基礎づけ構造なのだが、上部の階層が下部のものに全面的に還元される形で依存するようには想定されていない。上部の階層は下部の階層には基づくが、それに還元されない創発的特質をもつ、とみなされるのである。つまり、生命は物質を基盤とするが、後者に還元されない独自の性質をもち、心は生命ならびに物質を基盤とするが、後の二者に還元されない独自の性質をもつ、とみなされるのである。

この考え方は、二元論と唯物論的還元主義を同時に否定するものである。それゆえ、物質的基盤を無視することはないし、同時に上部の構造を下部の構造に還元することもなく、それぞれの階層の構造を正確に把握することができる。

こうした創発主義的思考図式に基づいて、この宇宙における生命と意識の誕生に対する驚嘆の念を理解することが、超自然主義に陥ることなく、生命と意識の存在論的意味を合理的に把握することを可能にするのである。

3　ない方がよいはずの死はなぜあるのか

前節の説明で、なぜ我々が宇宙における生命と意識の誕生に驚嘆の念を抱くのか、ある程度理解していただけたと思う。しかし、まだ掘り下げて論じるべきことがある。それは個人における宇宙の中での自己の存在への驚嘆の念である。これは「この広大無辺の宇宙の中でなぜ私はあのときあそこにではなく今ここに存在しているのか」という問いの形で表すことができる。そして、この問いは「いずれ必ず死ぬとしたら、私は何のために生きているのか」という自己の生命ないし人生の意味への問いと深く関係している。

我々は基本的に快を求め、不快を避ける性向を有している。また、不幸を嫌い、幸福を求める心性をもっている。こうした傾向からするなら「死」というものは忌々しいだけのものであり、できれば起こってほしくない凶事である。しかし、死は生命に付きまとう厳然たる事実であり、個人の恣意によって抹消することはできない。ただし、逃げ道はある。それは超自然主義的な思考によって死後の世界を捏造することである。死は自然の出来事なので、自然に内在しようとする合理的な思考の範囲内では、死後の世界を想定することが許されない。そこで、自然から脱出する形で死後の世界を夢想するのである。古来、宗教の世界を中心に存在する霊魂不滅説、輪廻転生説、永劫回帰説などは、すべてこうした思考傾向から生ずるものである。しかし、こうした説を信奉する人たちが思い描き、ときには具体的に画像化する「死後の世界」は、なぜか現世と同じ自然の景観に満ちている。つまり、自然の外に超越しようとした彼らの思考は、実は自然から一歩も外に出ていなかったのである。ただ自然の中の不快と不幸の部分を覆い隠して、快と幸福の部分を不当に拡大する形で、あくまで自然の内部で自称「超自然的な死後の世界」を捏造していただけなのである。それは要するに単なる願望投影であり、自然界における「死」の存在意味を全く理解できないでいる脳天気な思考の産物なのである。

ない方がよいはずの死はなぜあるのだろうか。これについて深く考える必要がある。肉体の崩壊を伴う死を超えての魂の不死、ないしそれに類する事柄を願うのは人情であり、その心性は分からないではない。死の先に広がる無限大の闇の小さな裂け目から差し込む一条の光として不死の世界に最後の望みをかけることには、たしかにロマンがある。しかし、ロマンはロマンでしかなく、我々は現実と向き合わなければならない。そして、問題はこのときの意識の有様と思考態度の適正化である。

我々は、この世における死の存在の意味を考える際に、自己を中心とした個人の生と死の関係に視野を絞りがちとなる。私の死は最も切実なものであり、それに関連して私の人生の意味についても思いがめぐらされる。また、他人の生と死に関してもこうした思考姿勢がそのまま適用される。こうして、結局「死」は個々人の出来事であり、各人の生は一見つながりがあるように見えても実は分断された「唯一無二のもの」である、という意識が出来上がる。人は基本的に孤独を避け、仲間を求めて集団生活を営むが、意識の根底にはこうした分断的生命観があるのである。

個々の生命は分断されており、個々の死によってそれぞれの生は終わるように感じるから、個々人の死後の生存を想定してしまうのである。これは、「生命」というものの意味を深く考えないままに、人情的死生観に掉《さお》さして、死の意味を捉えてしまったことに由来する心性である。死に感情的に対峙すると、すぐにこうした心性が生まれる。そのとき、前節で論じた「この宇宙における生命と意識の誕生」に関する自然科学的知識や哲学的洞察は背後に退く。死は人を感情的にする事柄の最右翼に属す凶事である。しかし、我々はこの世における死の存在理由を考える際に、前述の自然科学的事実、つまり「宇宙の誕生→物質の分子的進化→生命の創発→意識の創発」という進化的出来事をぜひ顧慮しなければならない。さらに、それに哲学における存在論的観点を加味しなければならない。これによって、「死」が能産的自然の自己組織性によって引き起こされる「全体としての生命」の存続のための必須の契機であることに目が開かれる。そして、これは「死」が自然の恵みであることを意味する。我々は死を深い自然主義的態度で受け入れなければならない。感情がそれを許さないであろうが、その感情の砲弾をかいくぐって我々は死の積極的意味を理解しなければならないのである。

4　生命の大いなる連鎖と自己存在

我々は生と死の関係を考える際に、どうしても「自己の死による生命の終焉」という観点に囚われてしまう。そして、その終焉に対抗して死後の生命の存続を夢想する。しかし、すべての生命個体が無限に生き続けたとしたら、どうなるであろうか。結果は目に見えている。この地球上のすべての生物が絶滅してしまうのである。そして場合によっては、地球自体が破壊されてしまう可能性すらある。ここで問題なのは、一見幸福に思える死後の生命の存続が逆に最も不幸な事態、つまり全生命の絶滅を引き起こす、ということである。我々は、このことを深刻に受け止め、その意味を深く考えなければならない。

死後の生の存続ということは二様の意味をもっている。一つは、この自然的世界における生前の生命が終焉した後、超自然的世界で新たな生命を獲得する、という意味である。この場合、「自然的生命」と「超自然的生命」がどう違うのかが明らかにされなければならないが、それがなされないままに生命の転換と再生の思想が脳天気に語られるだけである。もう一つは、この自然的世界の内部で不老不死が実現する、という意味である。この際、その不老不死というものが、文字通り「老化なしに無限に生きる」という極端なレベルから「三〇〇歳ぐらいまでの長寿を全うする」という比較的穏当なレベルまで構想される。いずれにしても科学的根拠や哲学的洞察は皆無であり、快としての幸福の感情的希求が脳天気な思考を生み出している。

現代においてこのような素朴な不死の思想を信奉する人は少ないと思う。多くの人は健康長寿を願うのみであろう。ただし、もし可能なら、深く考えないままに不死が実現してほしいと思うであろう。しかし、生命の本当の意味を知るためには、このように思うだけで、すでに失格なのである。彼らには個々の生命を包み超える「大いなる生命の連鎖」ということが分かっていない。否、視野の中にすらない。そして、思考が近代的自我のせせこましい主観性によって呪縛され、「大いなる我」という観点と無縁となっている。

ここで「近代的自我」と言ったが、必ずしも近代ないし近代以降の自我ないし自己意識に限局する必要はない。古代以来、洋の東西を問わず、深い自然の意味から逸脱する自己意識は、せせこましい主観性の檻に自らはまり込み、自然の恩恵を無視した思考に身をやつすのである。こうした主観性の目には「我々の生命は根底においてみなつながっており、生命自体は一つのものとして巨大な大河を形成している」という真理はけっして見えてこない。「そんなこと分かっているよ。分かっているからこそ、みんなの不老不死を願うんじゃないか」と嘯《うそぶ》いても無駄である。もし分かっているなら、不老不死など願わないはずだからである。

生命の大河は、個体の死の連鎖によって初めて可能となる「生命の大いなる連鎖」なのである。そして、この連鎖性格はトランスパーソナル・エコロジー的な観点によって初めて理解可能となるものであり、近代的主観性のせせこましい主観性の観点からはけっして理解できないのである。「かけがえのない私の共有」と言っても無駄である。その「私」という観点自体が人称超越的《トランスパーソナル》に乗り越えられ、さらに生態環境への十分な目配りが要求されるのである（エコロジー）。これは何も各人の「かけがえのない自己」を無視するということではない。ただ自己の中に自己を超えたものが潜んでいることに気づけ、と言いたいのである。換言すれば、我々の生命の本質には、個でありながら個を超えようとする衝動が属しているのである。筆者はかつて『創発する意識の自然学』の中で次のように述べた。

そもそも「私」は常に「私ならざるもの」によって脅かされ、励まされ、暗示され、何か「より広いもの」に向けて誘導されている。

この文章はそのとき詳しく説明されずに挿入句的に書かれたのみであったが、今ここでその意味を改めて詳しく論じたい。

我々各人はみな意識の中心に自我をもち、「私は他ならぬ私であり、かけがえのない唯一無比の存在である」という自己意識を携えて人生行路を歩んでいる。「私」という観点を中心ないし発出点として私以外のすべてのものを対象化して捉える姿勢を「主観性」という。他方、他者や環境世界の諸々の事物はすべて「私ではないもの」であり、私と区別・分離されつつ客体化される。ここに我々の認識活動の基本となる主観‐客観図式が成立する。我々は子供から大人になる成長過程で自己を反省する能力を増してゆき、次第にこの主観‐客観図式を認識生活の中心に据えるようになる。逆に言うと、我々は子供の頃、あるいは自我意識が芽生える以前には、この図式に囚われずに自己や物事を捉えていたのである。つまり、分別臭い大人の知性が機能する以前の野性的な意識で自己と世界を眺めていたのである。この「野性的」ということは劣等性を意味しない。自然との一体性が強く、宇宙の原初的性質をダイレクトに反映しているという点では、むしろ優れた心性であり、生命と意識の融合的深みを示唆しているのである。

これは大人の分別臭い心を捨てて無邪気な子供の頃に戻れ、ということではない。そもそも大人になっても子供の頃の無分別な心性は残っている。ただ分別臭い意識が支配的なので、背景に退いているだけなのである。そして、この野性的な意識は無意識下で働き続け、ときおり分別的意識にサインを送ってくる。それはまさに右の引用文で表現されているような事態である。つまり、我々はときおり「自分」が「自分ならざるもの」によって脅かされ、励まされ、暗示されているように微《かす》かに感じるのである。しかもその際、何か「より広いもの」に自己が向かうように示唆されているように感じる。この「何かより広いもの」とは何であろうか。

我々は自己を中心に世界を眺め、その内容を認識するが、ときおり自己を見つめ、その有限性に嘆息する。また他人のことを考え、彼にも自分と同じような自己意識があり、やはり有限性に嘆息するのか、と二重の嘆息をする。他者も世界も「自己ならざるもの」だが、自己と他者の類似性の認識を通して、次第に自己と世界、ないし自己と自己ならざるものとの連続性が理解され始める。そして、この連続性の理解は、「私」の中に「私ならざるもの」が初めから潜んでいた、ということと深く関係している。

「私」には「私の影」が常に付帯していたのだ。我々は日常の生活の中で、ときおり「自分が二人いる」と感じることがある。これは何も神秘的精神現象などではない。自分を対象化し反省する「自我」とその対象となっている「自我」の二極分裂のことを言っているだけである。哲学や心理学の自我論における主我と客我がそれに当たる。しかし、主我と客我の関係だけでは深みがない。問題は「私」と「私の影」の関係がいかにして私の意識を「より広いもの」に導くのか、ということなのである。

「私」は人生の意味を熟考し、自己の有限性を自覚するとき、「私の影」から「自分の内面に沈潜してばかりいると悪循環に陥るぞ」という示唆（内面の声）を受ける。これは脳内のセルフモニタリング機構の働きによるものだが、統合失調症の幻聴と違って自己の内部と外部の区別は保たれている。それはともあれ、とにかくこの内面の声は、自己内部で悪循環に陥ろうとしている「私」の意識を外部の広大な世界へと拡散させようとしているのである。それは我々の生命の源（魂の故郷）たる自然への還帰である。そして、その還帰の際に「私」は、近代的自我のせせこましい主観性によって誤って自己の範囲と限局されたものを超えて、自然の大生命と一体になることに向けて自己を拡張させるのである。ここで「生命の大いなる連鎖」と「自己存在」の関係という思考案件の意味が際立ってくる。

我々各自が必ず死ぬのは自然の摂理である。そして、不老不死を願うのはこの摂理に逆らう愚挙である。自己の有限性を素直に受け入れることが、次の世代の生命の継続を可能にするのである。自分がいつか必ず死ぬということこそ生命の摂理であり、それを理解したとき自己は雄大になるのである。それに対して、不老不死や霊魂不滅の思想は自然的生命からの逸脱であり、一見自己を無限大にするように見えて、実は最も矮小なものに堕落させるのである。

「私の中の私ならざるもの」ないし「私の影」は実は他者の分身なのであり、この「私の影」の脳内示唆によって我々各自は「自己を超えたもの」に意識を拡張させるよう促されるのである。この意識の拡張は「個でありながら個を超える」という生命の根源に属す衝動であり、「大文字の**生命**」としての「自然の大生命」にダイレクトにアクセスする機能を備えている。我々各自の自己存在の意味の自覚が最も深くなるのは、自己が内面から自己を超えて「生命の大いなる連鎖」へと意識を拡張し、解消したときである。そのとき私は私のまま私でなくなり、不老不死や霊魂不滅の観念は完全に消滅し、小我の有限性を自覚した形で全現実との和解・融和が成立するのである。

主な参考文献

（1）T・S・ホール『生命と物質』（上・下）長野敬訳、平凡社、一九九二年
（2）B・グッドウィン『DNAだけで生命は解けない――「場」の生命論』中村運訳、一九九八年
（3）D・C・デネット『ダーウィンの危険な思想――生命の意味と進化』山口泰司監訳、青土社、二〇〇一年
（4）拙著『自我と生命――創発する意識の自然学への道』萌書房、二〇〇七年
（5）拙著『心・生命・自然――哲学的人間学の刷新』萌書房、二〇〇九年
（6）拙著『創発する意識の自然学』萌書房、二〇一二年

第4章　時間と空間

はじめに

時間と空間は古来、哲学と科学の根本問題であった。また、時間と空間は世界の根本的構成要素であり、同時に人間的経験の基本枠組みである。我々は世界の中で生きる意識的生命体であり、世界の時空形式に合わせて自己の時空的経験を構築するのである。我々各人の一生は誕生から死に向かう時間的経路である。つまり、我々の生には始まりと終わりがある。他方、宇宙にも人間の一生ほど明確ではないが始まりと終わりが想定されている。極小の生命体と無限大の宇宙、両者は根源においては共通の時間的存在原理によって成り立っている可能性が高い。これを「時間の矢」と表現した人がいる。筆者はこの表現が好きだが、何か物足りない。存在と生命の本質を表現するためには空間も顧慮しなければならないのである。

自己も宇宙も始まりから終わりへと向かう「時間の矢」によって牽引される生成的存在である。しかし、極細の矢が虚空を突き進むような「広がりのなさ」では世界の生きた本質は表現できない。時間の矢はそれを包む空間とともに巨大な生命の連鎖を形成しているのである。我々を取り巻く空間は、時間の矢に牽引されつつ、時間と同じような生成的存在様相を示すのである。このことを顧慮して、我々は自己と世界を貫く時間と空間の本質を捉えなければならない。

我々は時間の中で生きると同時に自らの時間を生きている。また、我々は空間の中で生きるとともに自己の空間を生きている。世界の時空の中で生きると同時に自己の時空を生きているということ、これは人間の存在と生命の基本的性質である。前章までに示したように哲学は存在と生命の根本を問う。その際、自己存在と自己意識が深く顧慮される。「私は何のために生きているのか」「この広大な宇宙の中で、なぜ私はあのときあそこにではなく今ここに生きているのか」という問いかけは、自己存在と時空の根本的関係から発してくるものである。また、我々は生きていくことの中で過去を回顧したり未来を憂慮したりする。それと同時に現在の空間の中で自己の身体を生きている。そして、この「自己の身体を生きる」ということには、常に自己の健康状態への配慮が付随している。さらに、この健康状態への配慮は自己の寿命への関心へと敷衍される。

ここで問題となるのは、身体の空間性と生命の時間の矢の融合性である。我々各自の一生は誕生から死へと不可逆に進行する時間的性質をもっている。それとともに我々の生は各現在の状況において身体的な空間の性質をもっている。しかし、各現在はけっして孤立したものではなく、前後で相互に浸透しつつ共生成する性質をもっている。「各現在」とは暫定的なものであって、実は空間的な広がりを携えた「過去

→現在→未来」という連続的な時間の流れがあるだけなのである。この流れの中で我々は自己の存在や人生の意味を問い、それが死生観や身体意識と連動する健康観へと連なっていくのである。

我々は、以上のことを顧慮して人間的時間と空間の意味を問おうと思う。

1 「存在と時間」と「失われた時を求めて」

「存在と時間」というのは非常に魅惑的な問題設定である。何か哲学の根本問題を象徴しているように感じる。ちなみに、この問題設定をタイトルにした哲学書はすでに出ており、多くの人に読まれている。それはハイデガーの『存在と時間』である。しかし、ハイデガーの著書を読まなくても、あるいは知らなくても、「存在と時間」という問題設定自体に興味をもつ人は多いと思う。刻々と過ぎ去る生命の時間と生々流転する自然界の時間。そして、それらと存在の関係。これはこの世界の物事の究極的原理に関わるものに思われ、世界の中に存在する意識的生命体としての人間なら誰でも深い関心を寄せるのである。それゆえ、ここではハイデガーの『存在と時間』は直接参照することなく、「存在と時間」という問題そのものの意味を考えてみたい。

次に、「失われた時を求めて」という思念は我々の心の奥底をくすぐる郷愁性をもっている。何か人間存在ないし自己存在の根本的意味に触れる深みを感じさせる。言うまでもなく、この思念をタイトルにした本はすでにある。それはプルーストの『失われた時を求めて』である。これは膨大な分量の小説であり、読み通した人は少ない。また、そもそも知らない人もいる。しかし「失われた時を求めて」という思念は万人が関心をもつものであり、自らの人生行路の中でこの思念が際立ってくる機会はけっこうある。それは自らの過去の回顧と後悔であったり、若くして亡くなった友人の思い出であったりする。そしてそれは、そもそも我々の生きている時間と自己の存在の意味はどのように関係するのか、という問いへと収斂していく。つまり、「失われた時を求めて」という思念は「存在と時間」という問題設定と深く関係しているのである。そして、この関係への興味は時間的存在としての人間の意識にとって普遍的なものであり、我々はプルーストとハイデガーの著書を読まなくてもそうした事柄を独力で考えることができるのである。それゆえ、ここではプルーストの『失われた時を求めて』を直接参照することなく、「失われた時を求めて」という思念ないし意識の根本的意味を考えてみたい。さらに、それを「存在と時間」という問題と関係づけて、時間の深い意味を掘り起こしてみたい。

我々は世界の中で自己を見出す。あるいは自己の存在を自覚する。その際、自分が時間的存在であることに気づく。また自分を取り巻く世界も時間的存在であり、生々流転を繰り返していることに気づく。この二重の気づきは、自己と世界はどちらも不可逆の時間の流れによって構成された生成的存在なのである、という理解に帰着する。

自己存在の時間性の自覚はとりわけ切実である。誕生から死へと向かう約八十数年の時間の経過の中で、我々は自己の身体の成長と老化を経験する。その際、病気や事故による身体の損傷を経験することもある。また、健康の回復や肉体の強化を経験することもある。いずれにせよ、我々は誕生から死へと向かう不可逆の時間の流れに押されて生きていることに変わりはなく、いずれ必ず死ぬのである。そして、その「死」がいつなのかは誰も知らない。予測不可能である。つまり、我々は自分がいつ死ぬのかを知らされないままに、この世に生まれ、不可逆の時間の流れの中を泳いでいかなければならないのである。がんと診断され余命を宣告されることはあるし、自殺を決意して自ら死の期日を決定することもできる。また、老化がかなり進むと死が近づいていることが自覚される。そうした例では死の時期は不可知ではないが、不可逆の時間の流れに掉《さお》さしているという根本的事実は変わらない。

問題は「死の恐怖」から生じる人生の意味への関心ではなく、生命というものが不可逆の時間の矢によって牽引されており、個体の生命はいつか必ず終焉を迎える、ということなのである。それは若くして死んでも高齢で天寿を全うしても変わりはない。健康に恵まれ活力溢れる生涯を送っても、難病や重度の障害によって不幸な一生に終わっても変わりはない。すべての生命体は強-弱、健康-不健康、幸-不幸に関わりなく、「誕生と死」ないし「始まりと終わり」に挟まれた「生命の時間」をとにかく全うしなければならないのである。特に、意識の機能が高く、自己の存在の意味を深く内省することができる人間の場合、これが何を意味するのかがよく理解できる。そして、その理解は「生命体としての自己の存在の意味は時間にある」ということに帰着する。これは主観的感情を超えたものであり、世界ないし万物を貫く客観的存在原理へと延び広がり、深化する潜勢力を秘めている。我々人間の意識と知能は、単に情感的に人生の意味を捉えるだけではなく、自然科学的知見も取り入れながら自己と世界を貫く「存在原理としての時間」というものに目を開くことができるようになっているのである。

ちなみに、ここでも「存在」が「生命」と密接に関係していることを顧慮しなければならない。哲学の抽象的な思考に疎い人は、人生論には興味をもつが、存在論には親しみを感じにくい。そこで「存在と時間」という言葉に一応感応するが、単なる言葉を超えた理論的問題設定として受け入れることはなかなかできない。これは惜しいことである。「存在と時間」という言葉ないし問題に情感的にではあれ興味をもてるならば、時間の存在論的意味への問いの一歩手前に立っていることになるのである。なぜなら、存在は生命と深く関係し、粗雑な人生論といえども生命の根幹に触れるものだからである。その意味で、生と死の関係への関心は「存在と時間」という哲学的存在論の問題への登竜門なのである。そして肝要なのは、自然界全体に広がる存在論的原理としての時間に関心をもち、それと自己の生命的時間との関係を理解した上で「存在と時間」という問題に立ち向かう心構えをもてるか、ということである。

次に「失われた時を求めて」という思念について考えてみよう。

我々は自分の過去を振り返り、時間を巻き戻して「あのとき」に帰りたいという思念をもつことがある。「あのとき」とは、もちろん失われてしまった過去の一期間であり、実はもはや絶対に取り戻すことはできない。現在の意識の想像力によって回顧像を形成したり、それを懐かしんだりすることはできるが、現在と同じ現実のものとして再現することはけっしてできない。まさに「失われた時」である。「失われた」ということは一応「無くなった」ということである。しかし完全に無に帰したわけではない。ここに時間的存在概念の特異性がある。

失われた時、つまり過ぎ去ってしまって二度と取り戻せなくなった時は、ある特定の物体が破壊されて無くなってしまった、ということと同じ意味で「無に帰した」わけではない。記憶に保持される形で現在の意識に影響を及ぼし続けているのである。時間的存在は物体的存在と違って意識への関与が強く、過去の存在は現在の存在と不可分な形で一つの生成的存在を形成しているのである。しかも、それは未来の存在にまで延び広がっている。時間というものは「過去→現在→未来」という一貫した流れなのであり、三つの時制は常に不可分な形で統一体をなし、一つの時制が前後の脈絡から離れて独立するということはない。ただ、ある時点ないし期間を取り出して、それを回顧したり予想したりできるだけなのである。この観点から「失われた時を求めて」という思念の意味を捉え直すことが要求される。

「失われた時を求めて」という思念ないし意識は、単に一旦失われた過去を再現しようだとか、タイムマシンに乗ってその時点に戻ってやり直そうだとか、そういうことを狙っているわけではない。そのような浅い思慮の場合もあるが、根本的にはもっと深いことを狙っているのである。それは自己存在の根源的意味に関わるものであり、「なぜ私はそもそも存在し、このように誕生から死へと向かう時間を生きているのか」という問いに集約される。一見過去を懐かしむ郷愁意識を表しているように思える「失われた時を求めて」という思念は、実は単なる過去の一時期の回顧という記憶の問題を超えて、「自己が本来帰属する根源」への思慕を示唆しているのである。

ちなみに、この「自己が本来帰属する根源」というものは、三つの時制のうちではやはり「過去」と深く関係している。そこで「失われた時を求めて」という思念が、過去の回顧に置き換えられて理解されがちとなるのである。しかし、それは浅い理解である。「失われた時を求めて」という思念は、過去の回顧とそれに付随する郷愁という表層を突き破って、「自己が本来帰属する根源」への関心という深層からその意味を捉えるべきものである。それは平たく言うと「魂の故郷《ふるさと》」への思慕であり、それへの還帰ということになる。そして、この「魂の故郷」は自然の大生命であり、生命の大いなる連鎖なのである。

我々は自らの時間的生命を生きていく際に、時間の流れの中で自己の存在の意味を問う。それは様々な機会になされるが、死を意識したとき、あるいはその危機に直面したときに際立ってくる。また、今問題にしている「失われて時を求めて」という思念を抱いているときにも際立ってくる。我々は自らの生の時間の流れの中で「自己の存在の意味が時間にある」ということに気づくのであり、失われた時を求める意識はその気づきを基点として生じてくるのである。そして、それは「過去の回顧と郷愁」→「自己の本来帰属する根源の希求」→「生命の大いなる連鎖と自然の大生命への還帰」というふうに深まっていく。これは心理学的次元から存在論的次元への深化を意味するのだが、同時に「時間と永遠」という哲学古来の根本問題とも深く関係している。しかし、この古びた問題に再び取り組むだけでは芸がない。この問題は「時間の中で時間を超えて生きること」へと変換されて問い直されるべきである。それによって「存在と時間」と「失われた時を求めて」の統一的理解は一層深まるであろう。

2 時間の中で時間を超えて生きるということ

人は古来、時間と永遠の関係について様々な仕方で考えてきた。我々は死すべき有限な存在であって、それを危惧する意識が何とかして「忌々しい時間」を乗り越えようとするのである。最も単純な方策は、生命体の時間の期限を無化して、無限の時間の持続を実現しようとすることである。つまり、死によって約八〇年に限定されている各人の生命の時間を終わりなきものにしよう、というわけである。これは一見至福のように思われるが、実は悪無限の罠にはまっているにすぎない。八〇年が一五〇年やせめて四〇〇年に延びるというならまだ分かるが、八億年ぐらいを想定しているなら馬鹿と言うしかない。そもそも「無限の時間の持続」とか「不死」という概念は熟慮して案出されたものではない。脳天気な願望を表しただけのものなのである。それは「若さと健康を保ったまま、できるだけ長く生きたいし、若くして死ぬことなどまっぴらだ」という観念に集約される。そもそも寝たきりや植物状態で、あるいは重度の障害を抱えたままで八億年生き続けたいとは思わないであろう。ステージ４の肺がんの苦しい症状を携えて八億年生き続けたいであろうか。脳天気な不老不死の信奉者は、こうしたことは一切考えない。彼らは生命の本質に老化と死が属することから目を背け、悪無限という罠にはまっているのである。

ただし、別の方途もある。現世では不幸な時間に終始したが、来世において至福の生に転換し、そこで至福の時間が無限に続く、という考え方である。これはまず実現不可能な妄想なので無視してもかまわないが、この場合も悪無限という罠にはまっているという点では何ら変わらない。我々は幸福であろうと不幸であろうと、この地球という生態系ないし生命環境の中で有限な時間を生きる定めとなっているのである。そして、そこに各人の価値と尊厳がある、ということを忘れてはならない。これまで何度も「生命の大いなる連鎖」ということを言ってきたが、個体の生命が有限なことによって全体として生命の存続が可能となっているのである。各個人が有限の生を終えて必ず死ぬことによって次の世代の生命の存続が約束されるのである。この地球上の生命とは別の世界を想定する霊魂不滅説にしても、これは無視できないはずである。そもそも別の世界とやらも、この世を脳天気に「楽園」へと脳内変換しただけのものなのである。その説の信奉者はやはり悪無限という罠にはまり、「時間の中で時間を超えて生きる」という理想とは無縁となっている。

無限の時間の持続という低レベルの概念の他に、もう少しましな永遠概念がある。それは「そもそも時間というものを超越した無時間的永遠」という概念である。これは前方へと水平的に無限の持続をする時間に対して垂直方向の超越を主張するものであり、時間自体を総じて無化するような永遠概念である。これは一見、悪無限を断ち切った高尚な永遠概念のように思われるが、実は生命の本質に属す「時間」からの逃避であることに変わりはない。つまり「時間の中で時間を超えて生きる」のではなく「生命の本質に属す時間の意味の考察に耐えられずに、時間を無化して無時間的永遠の観念を夢想している」だけなのである。「時間を超えて生きる」ということに心を奪われ、「時間の中で」という契機が完全に忘れ去られている。我々は生きている限り時間の桎梏《しっこく》から逃れられない。「時間を超えて生きる」ということも、あくまで時間の中でなされることなのである。それでは「時間の中で時間を超えて生きる」ということの積極的意味はどういうものなのであろうか。

それは「時の深み」を知るということである。

「時の深み」は時間の経過の中のある瞬間に立ち現れ、我々に生命の根源的意味を感得せしめる。その際、時間は水平方向にも垂直方向にも超越されない。むしろ、時間の只中で時間の中心点の奥底へと我々を引き込むのである。それはある特殊な「現在」における存在経験であるが、過去ならびに未来と密接に関係し、それらからけっして切り離されない。いわゆる絶対者との神秘的合一の思想では、特殊な現在における垂直方向の時間超越が主張されるが、筆者の言う「時の深み」はそれとは全く違う。時間は超越されるどころか極限まで充実するのである。

一般に「時間を超えることによって永遠というものに到達できる」と考えられているが、「時の深み」の思想は「時間を超えた永遠」という概念を無視して、あくまで時間にこだわり、その根源に至ろうとするのである。ここに「時間を超えた永遠」vs「根源的時間性」という対置図式が成り立つ。根源的時間性とは我々人間の生命と存在の本質に関わるものであって、我々はそれを経験したとき、自らの存在が「巨大な生命の流れ」といったものに掉さしていることを深く感得するのである。

この「巨大な生命の流れ」とは、これまで何度も触れてきた「生命の大いなる連鎖」のことである。通俗的な時間超越の思想が、生命個体の有限性に囚われて生じた浅はかなものであるのに対して、「巨大な生命の流れ」と連携した「時の深み」の概念は、個体の生命を超えて「大文字の**生命**」としての「自然の大生命」へと意識を開かせようとするものである。「時の深み」の経験において、我々は存在の根源的意味に向かって自らの意識を拡張させるのである。しかし、それはあくまで過去→現在→未来という時間の生成の中でなされるものであって、過去と未来が消えて特殊な現在的瞬間にのみ立ち現れるものではないのである。

「時の深み」は何ら高尚なものではなく、日常生活に密着した卑近なものである。それは「老化と死（有限性）を素直に受け入れ、なるべく人に迷惑をかけないように生活しよう」という極めて平凡な思想なのである。多くの人は「若さ」にこだわり、老化を忌み嫌うが、「時の深み」の思想は、老化を自然の恵みとして受け入れ、こうして生きているという平凡な事実に感謝の念を惜しまないのである。ここに、あくまで「時間の中で」時間を超えて生きる、という姿勢が現れてくる。ちなみに、この際「時間を超えて生きる」という部分は、通俗的な時間概念を超えて根源的な時間、つまり生命の大いなる連鎖に根差した時間意識へと還帰することとして捉えればよい。

「時の深み」を知った人は、老化を忌み嫌ったり、不老不死の願望を抱いたりしない。自己の生命の定めを深く自覚し上で、生命の大いなる連鎖へと向けて自己を滅却するのである。滅却すると言うよりは吸収させると言った方が穏当である。ところで、こうした「時の深み」の概念をより正確な把握するためには、どうしても空間の深い意味を考えなければならない。そこで次それについて論じることにしよう。

3　空間の深い意味

我々は普段、空間の深い意味について考えることがない。それは空間をもっぱら量的観点から捉えているからである。空間の深い意味は、その質に着目して初めて理解が芽生えるのである。それでは、どういうときに空間の質的側面が際立ってくるのであろうか。

それは空間が時間と融合して、一つの巨大な生成的活動をしていることに気づいたときである。普通、時間と空間は分けて理解され、空間が時間的に生成していることには気づきにくい。空間の中で時間が経過するということは容易に理解できるが、空間自体が時間的に生成するということは分かりにくいのである。では、どのようなときに空間は時間との融合性において捉えられるのであろうか。それは自己の身体が周囲世界と一体であることに気づいたときである。我々各自がもつ自我観念や自己意識は、自分がそれを生きている「身体」と一体のものであり、一生の間この関係は保たれる。また、自己の身体感覚は生命の本質と深く関係している。

生命の本質には時間的生成が属し、我々は自分の身体の成長と老化において、生きられる身体というものが時間的生成の渦中にあることを如実に体験する。さらに、生きられる身体には周囲世界との一体性から生じる独特の空間性がある。我々の身体には時間的生成の相と空間的な世界内属性があり、両者は融合しつつ我々の生命感覚を形成している。生命感覚には身体の成長に伴う骨格・筋肉の変化や運動能力の発達などが属すが、これは個人の内部で起こることであり、視野をまず個人と周囲世界ないし環境世界との臨界に広げ、さらに世界全体にまで拡張すると、「生命の大いなる連鎖」と空間の深い意味の関係性が見えてくる。

前にトランスパーソナル・エコロジーのことに触れたが、空間の深い意味はこれとの関係において理解される必要がある。「トランスパーソナル」は直訳すれば「人称超越的」となり、個人の観点を超えた次元を示唆する。これは生命の本質に属す「個でありながら個を超えようとする衝動」と言い換えられてよいものである。そして、この脱自的な衝動はエコロジーと連携している。「エコロジー」は直訳すれば「生態学」となるが、ここでの文脈においては「生態系と環境世界への配慮」として受け取ればよい。そして、この配慮は最終的には「自然の大生命」と「生命の大いなる連鎖」へと拡張されるのである。

エコロジーというものが空間性を含意することは容易に理解できると思う。しかも、それは自己の内面を超えて他者と環境世界へと配慮の輪を広げていくものなのである。そこで、必然的にトランスパーソナルということと結びつくのである。そして、自己の内面から環境世界へと延び広がる身体の空間性は、生態系全体への配慮と結びつき、より深い生命の意味を開示する「大いなる空間性」となる。ここにおいて「自然の大生命」のもつ深い空間性が顕現してくるが、「自然の大生命」は「生命の大いなる連鎖」とも言い換えられ、巨大な時間の流れを示唆する。我々には基本的に時間を自己の内面に属す主観的なものとして捉え、空間を外部世界に属す客観的なとして理解する傾向がある。しかるに、以上に述べた空間の深い経験において、空間は時間と不可分の形で生命の根本を形成しており、それは内部と外部、主観と客観という二分割を打ち破るものであることが分かってくるのである。

時間と空間の融合性は古くから指摘されてきたが、その仕方は多種多様であった。物理学においてはアインシュタインの相対性理論が有名であり、彼の説く時間と空間の不可分性は広く支持を集めている。しかし、その類の理論には生命の深い意味の考察が欠けている。また、時間観測の主観性への観点はあっても、自己の身体の意識がトランスパーソナル・エコロジーの観点を伴って生態系全体へと延び広がる、という脱自性の観点がない。後者は生命の深い時間性と密着した空間の経験を反映するものなのである。

4　四季の変化・循環と空間の質

次に自然の生成的現象に接して我々が感得する空間の質について考えてみよう。自然の生成的存在性格を端的に示すのは四季の変化と循環であり、それに対する我々の感受性は空間の深い質を開示する。この感受性は生命感情に属すものであり、我々は心と身体が一体となった形で四季の変化と循環の中に「時間の流れにくるまれた深い空間の質」を感じ取るのである。我々は春→夏→秋→冬（→春→夏→秋→冬……）という無限のループの中に自然の息吹を感じ取り、自己と自然が一体であることを心身統合的次元で自覚する。これは四季の変化が極めてはっきりとした日本において顕著な傾向だが、世界中のどの国でも多かれ少なかれ感じることができる普遍的な自然の情感である。

我々は四季の変化の中で、循環する自然の生成的存在性格と生命的リズムを感じる。そして、この循環する生命的リズムは自然の深い時間性を示唆する。それは「生命の大河」と表現したくなるような性格のものである。この巨大な時間の流れの中に四季の変化があり、その変化の表出する諸々の感覚質（クオリア）が、自然のメリハリのある生命的リズムを我々に感得せしめるのである。そして、各季節に現れる自然の感覚質は独特の空間性をまとっている。

四つの季節はさらに細分化され、二十四節気（あるいは七十二候）という区分もあるが、とにかくどの時節にも我々を取り囲む自然空間は独特の質感をもっている。春には春の、夏には夏の、秋には秋の、冬には冬の空間の質がある。これには気温、湿度、太陽光の強弱、日照時間、晴雨の割合、植物の開花など様々な要因が関与している。ただし、ここでそれぞれの季節ないし時節を単純に区分して、その空間質を捉えようとすると表層をなでただけで終わってしまう。春は先行する冬と後続する夏に挟まれたものであり、晩冬から早春に移行する時節とか晩春から初夏に移行する時節という移行期も顧慮しなければならない。夏は晩春から初夏へと移行する時節と晩夏から初秋へと移行する時節に挟まれており、中期に盛夏がくる。秋、冬についても同様である。これら各季節のもつ移行期と盛期がメリハリを伴う独特の生成的時間性を我々の心身的意識に感得せしめる。そして、この生成的時間性の中で各季節ないし各時節の空間的雰囲気が立ち現れてくるのである。

春の始まりは冬の終わりと隣接し連続性をもつが、気温、日差し、日照時間、植物の開花といった要因が「もはや冬へと逆戻りすることはなく、また優しい春という季節がやってきた」という感慨を引き起こすが、その感慨は独特の空間的雰囲気に包まれている。もちろん、また九か月後には冬が再来するのだが、その間には夏と秋があり、隔絶の感は否めない。冬→春の移行は連続性をもつが、春→冬の移行は直接のものではなく、間が抜けているのである。

三島由紀夫の大作『豊饒の海』の第一巻は「春の雪」と題されている。三月から四月にかけて急に雪が降ることがある。そのとき満開の梅や咲き掛けの桜が雪をかぶり、冬と春が融合したかのような独特の景観が生じる。そして、その景観に伴う感覚質は自然の奥深い空間性を我々に感得せしめる。雄大な自然の大河の流れの中で季節が融合する機会に、我々は自己を取り巻く空間に生成的時間の性質が付随していることを深く感得するのである。「春の雪」という時差を感じさせる現象は、能産的自然の自己組織性が時間と空間の融合性において機能しているような印象を我々に与えるのである。

その他、春と夏、夏と秋、秋と冬それぞれの時差的融合を示す自然現象も多々あるが、そのどれもが四季の変化と循環が各時節に独特の空間性をもつことを我々に感得せしめる。春→夏→秋→冬という四季の変化は、次の同じサイクルへと受け継がれ、一つの巨大な循環の流れを形成する。つまり、二〇一八年の春は一回限りのものであり、二度と戻ってこないが、次の年以降、毎年春は再来するのである。その他の季節も同様である。ここから回帰的時間概念を支持したくなる気持ちが生まれるが、四季をワンユニットと捉えると、自然の自己組織性が結局は不可逆の時間の矢に支配されていることが分かるのである。やはり二〇一八年の春は一回限りのものであり、他の年の春では代替え不能なのである。これは気づかれにくいが、重要なことである。「春の雪」という印象深い現象も、四季の変化と循環が一見回帰的時間概念を支持するように思えても、実はやはり自然を貫く不可逆の時間の矢の中での一時的な「はかない回帰現象」であることを示すものなのである。

回帰的時間概念は、時間と空間の融合性を十分理解しないままに時間の不可逆的前進性を否定する姿勢から生まれた紛い物である。あらゆる現象には始まりと終わりが想定されるが、その途中経過の中で回帰的で循環的現象が現れることはある。回帰的時間概念は、このつかの間の現象に魅惑されて、自然の根底に存する不可逆の時間の矢を見失っただけなのである。肝要なのは、時間と空間の融合性を顧慮し、始まりと終わりがある不可逆の時間の進行の中で空間性の相が立ち現れたものが回帰的・循環的現象であることを理解することである。

とにかく、自然の景観がときおり示す独特の空間的雰囲気は、自然を貫く巨大な時間の生成、生命の大河の流れを反映したものであり、その雰囲気に独特の感覚質を見出す感受性豊かな人は、自然の最も深い空間の質に触れているのである。

主な参考文献

（1）M・ハイデガー『存在と時間』原佑・渡辺二郎訳、中央公論社、一九八七年
（2）M・プルースト『失われた時を求めて』（1〜10）井上究一郎訳、ちくま学芸文庫、二〇〇三年〜
（3）M・メルロ＝ポンティ『知覚の現象学』（上・下）竹内芳郎他訳、みすず書房、一九八七年
（4）S. Alexander, *Space, Time and Deity*, Vol. 1, 2, Macmillan, London, 1920
（5）A・N・ホワイトヘッド『科学と近代世界』上田泰治・村上至孝訳、松籟社、一九八七年
（6）A・N・ホワイトヘッド『自然という概念』藤川吉美訳、松籟社、一九八二年
（7）P・コヴニー、R・ハイフィールド『時間の矢・生命の矢』野本陽代訳、草思社、一九九五年
（8）拙著『時間・空間・身体──ハイデガーから現存在分析へ』醍醐書房、一九九九年
（9）拙著『存在と時空』萌書房、二〇一六年

第5章　意識と脳

はじめに

意識は人間の心的機能の中核に存するものであり、古くから哲学の探究対象となってきた。さらに意識の中心には自我というものがあり、これもまた哲学の根本問題として古代から現代まで様々な観点で論じられてきた。特に近代以降、哲学は意識と自我の問題に専心するようになり、現代では心の哲学というものが英米を中心に興隆している。

意識は日常、各人が内的に経験している主観的現象であり、その経験内容自体はそれほど謎めいたものではない。「私」つまり「自我」が覚醒中に経験する諸々の感覚、知覚、思考、判断、感情、記憶……等々の心的活動、それが意識であり、心理学者や認知科学者でなくても、誰もが理解しているものである。しかし、この自明なはずの「意識」が突然謎となることがある。それは脳との関係を問われたときである。

意識を中心とした心的機能はすべて脳に基づいている、という吟味されないままの大雑把な把握が民衆に広く行き渡っている。しかし、どのようにして脳が意識を生み出すのか、に関しての詳細な説明はできない。ただ、漠然と脳＝意識という盲信があるだけなのである。逆に二元論的なスタンスが強く、精神現象に特別の愛着心をもっている人は、意識が脳の外にあると思いたがる。あの繊細で霊妙な心的現象たる意識が、単なる物質の塊である脳の機能に還元されるはずはない、というわけである。

脳神話の信奉者と二元論的精神主義者。このどちらも間違っている。正解は「意識は基本的に脳の神経生理学的活動に基づくが、世界の情報構造への脱自的関与が重要な構成契機となるので、脳には還元されない創発的特性をもつ」ということになる。このことは何を意味するのか。それを生命の本質に関係づけて論じるのが本章の趣旨である。

意識と脳の関係を問うことを哲学では心脳問題と言う。これは古くから哲学の根本課題とされてきた心身問題の現代版であり、前世紀に脳科学が急速に進歩したことに合わせた観点の変更である。我々は意識と脳の関係を問う前に心と身体の関係という古典的問題を再吟味しておく必要がある。なぜなら、心と身体の関係には生命の本質が関与し、これを理解した上で意識と脳の関係を問うことが我々を実り豊かな方向に導くと思われるからである。

意識の本質は我々人間が世界の中で他者や自然事象とともに生きていくということから創発し、その物質的基盤は脳の神経システムである。つまり、意識の質料因は脳である。しかし、意識には質料因とともに目的因と形相因がある。そして、この目的因と形相因に「世界の中で他者や自然事象とともに生きていく」ということが関わってくるのである。さらに質料因と目的因・形相因は分離されず、融合的に機能する。なぜなら、脳は情報処理の器官であり、その生理的活動は生得的なものであるとともに外部世界から感覚器官を通して入ってくる諸々の情報によって賦活されるので、意識の創発と活動は脳と世界を貫く「情報」に強く影響されるからである。つまり、意識が「どういう物質的基盤をもつのか」も「何のためにあるのか」も「何を本質とするのか」もすべて脳の内外を貫く情報によって深く規定されているのである。

このことを創発主義的観点から考察することが本章の主たる課題である。この考察によって意識が生命と情報によって深く規定される「脳と世界の相互作用の産物」であることが分かっていただけるであろう。

1　心と身体、そして生命

我々は心と身体の総合としての生命体である。心は意識よりも広い概念であり、無意識（潜在意識とも言う）の領域も含んでいる。また、心は身体と一体でありながらも、一見その存在特性が別次元のもののように思われる、という特殊な性格を有している。これは特に心の中でも意識に焦点を当てたときに感じられるものである。無意識の領域は身体と直結していることが理解しやすいが、意識は対象化不能な主観性を核とする現象的質をもっているので、身体から切り離されがちなのである。もちろん、我々の日々の意識活動は身体の状態から常に影響を受け、意識と身体は深く関係しているように感じる。しかし、この

「身体の状態から、影響を受けている」という意識に現れる感覚は、やはり意識と身体の懸隔を示している。主観的自我の統覚作用を基盤とする意識の対象化作用が、身体を自己から分離しているのである。意識だけに着目すると、やはり心と身体の統合性ないし融合性を正確に捉えることはできない。意識と無意識の総合としての心について考え、それと身体の関係を理解しなければならないのである。

心という概念を深く考える上で重要なもう一つの契機は「生命」である。心は生命と深く関係しているのである。これは西洋において心について初めて体系的・学問的に論じたアリストテレスの『心について』で主張されていたことである。彼は、心と身体を分離する二元論を嫌い、心を身体の形相として捉えた。つまり、心というものを身体の秩序の形成原理として捉えたのである。これは生命情報を担った遺伝子がそのまま心である、というふうに受け取れる思想だが、そんなに単純なものではない。ただし、彼が意識的自我の主観性を心の本質とみなさなかったことはたしかであり、植物や動物の生命活動の延長上に人間の心の働きを見据えていたことは銘記すべきである。つまり現代風に言うと、心は身体の生理活動に直結した無意識を下層とし、その上層に意識的自我の主観性がある、というふうに彼は考えたのである。

我々は生きていくことの中で心と身体の統一性を常に感じ、自己の生命が心的性格と身体的性格の両義性から成り立っていることを薄々理解している。たとえば「痛み」という現象について考えてみよう。痛みは末梢神経から発してくる痛みの信号を中枢神経（脊髄→脳）が感知して生まれる感覚である。それゆえ基本的に身体的である。しかし同時に心的なものであることは誰もが認めると思う。「痛い」というのはまさに心的な感覚なのである。とすると、痛みは生命と同様に心的性格と身体的性格の両義性から成っていることになる。換言すると、痛みは心身統合的な感覚なのである。

痛みはもともと身体と生命の危機を知らせる信号であり、それは意識に反映する痛切な現象的質感をもっている。これは痛みを日頃感じている人なら誰もが認めることであろう。痛みは心と身体と生命の三位一体性理解するための格好の契機なのである。

痛み以外にも心と身体が生命的原理の下に統合されていることを示唆する現象は多々ある。食欲、性欲、睡眠障害、運動感覚……等々。また、長引く病気の悩みは心と身体両面に浸み込むものであり、死の恐怖や死生観一般への関心と連携しつつ、心と身体と生命の三位一体性を意識に告知する。ここで意識に現れてくるのは心の表層であり、深層にある無意識は身体と一体となったままで顕在化しない。これは健康なときにも当てはまることである。それゆえ、顕在的意識が覚知する身体感覚をもとにして二元論的に心と身体の関係を捉えてはならない。つまり、顕在的意識をそのまま心と受け取って、それが対象化的に感知する身体の状態との関係に着目して、心と身体の関係を定式化してはならないのである。顕在的意識は個々人にとって最も分かりやすい自覚的現象であり、それを心そのものとして受け取るのは仕方ないことである。しかし、生命の深みから発してくる「心」というものの本質に根差した意識の理解は必須であり、顕在的意識の本質を捉える際にもこのことは、ぜひ顧慮すべきである。心は無意識の次元において物質的身体と一体なのであり、その存在性格は一見非物質的なものに思える顕在的意識にも反映するのである。

以上に述べた心と身体と生命の三位一体性を理解しておくことは、意識と脳の関係を考察するための重要な基盤となるものであり、以下それを顧慮して論述を進めることにする。

2　心身問題と心脳問題

　前述のように西洋哲学において長い歴史をもつ心身問題は、前世紀における脳科学の急速な進歩に合わせて心脳問題へと変貌した。つまり、心と身体の関係への問いが心と脳の関係への問いへ切り替わったのである。その際、心のうちでとりわけ顕在的意識の方に焦点が当てられた。つまり、意識と脳の関係への問いが関心の的となったのである。

　一応、心身問題が心脳問題へと変貌したとはいえ、前者の問題設定が完全に排除されたわけではない。むしろ、あいかわらず心身問題の基本的関心と思考枠組みとアルゴリズムは残留したままであり、それが心脳問題の展開に反映している。心身問題は、単に心と身体の関係を問うのみではなく、精神と物質、ないし精神と自然の関係というより普遍的な問題への関心を背景にもっている。この姿勢は心脳問題にも受け継がれており、心と身体の関係が意識と脳の関係へと縮小したように見えても、根本にある存在論的関心は変わらないのである。それゆえ、脳科学者と哲学者では意識と脳の関係への問い方に違いが現れる。しかし、アメリカを中心とする英語圏では脳科学者と哲学者が共同で心脳問題に取り組んでおり、両者の間に意思の疎通が成り立っている。そもそも研究への原動力は問題そのものと事象そのものから発してくるべきものであり、脳科学と哲学の間に柵を設けて両者を峻別しようとする姿勢には何の意味もないのである。心と身体の関係と同様に意識と脳の関係は万人が興味をもつ普遍的な思考案件であり、学問間の柵を超えた学際的な姿勢によって探究されるべき根本問題なのである。

脳科学を中心とした経験科学からは意識と脳の関係に関する実験的、統計的データが得られるし、哲学の側では理論的基礎考察が練り上げられ、問題解決の様々な案が提供される。脳科学者の中には哲学に興味をもち、それを積極的に取り入れる者と逆にそれを無用のものとして排除する者がいる。他方、哲学者の中には脳科学と積極的に対話しようとする者がいると同時に、そのような対話を邪道とみなし、狭義の哲学の殻に閉じこもる者がいる。言うまでもなく、我々は脳科学と哲学の対話・協力を積極的に推進しようと思う。それはすでにアメリカの認知神経哲学（心の哲学）のグループが実践していることであるが、我々はそれを参照しつつ、独自の解決案を提唱したい。その際に最高の手本となるのが、現代アメリカの心の哲学の遠い祖先と言うべきウィリアム・ジェームズの思想である。彼はハーバード大学の医学大学院の出身で、もともと神経系の生理学と比較解剖学を専攻する基礎医学者であったが、その後「心」そのものへの関心の深まりから心理学に転向し、最終的には哲学者となり、母校の哲学科の教授となった。この経歴は心脳問題に取り組むには最高のものであろう。一人で科学的視点と哲学的観点を併用できるのだから。しかも、中間的位置にある心理学が最も得意であったのは特筆に値する。

それはさておき、我々が心脳問題を解決しようとする際に最も役立つのはジェームズが主張した「意識はモノではなくてプロセスである」というテーゼである。また、彼ならびに彼と類縁性のある哲学者たちはみな意識と経験の関係を強調し、前者に対する後者の優位性を主張している。つまり、意識が経験を可能ならしめるのではなくて経験が意識を可能ならしめる、と主張されるのである。この考え方は意識と無意識の相克を問うのとは別の次元の視点を提供し、心脳問題の解決に大きく寄与するであろう。

意識と脳の関係を考える際、ジェームズのテーゼとともに意識が経験によって包摂されているということを顧慮することが非常に有益だと思われる。

3 意識の三階層と脳

さて、前置きはここまでにして、意識と脳という本題に入ることにしよう。

認知心理学的に言うと意識には三階層がある。下から覚醒、アウェアネス、自己意識である。覚醒とは動物に共通の原始的意識であり、睡眠せずに覚醒している状態を意味する。これが人間の場合、意識の三階層の一番下に位置する。つまり、意識活動の基盤となっている。その上にアウェアネスがある。これは知覚と注意と行動制御を核とする意識の機能であり、「気づき」と訳されることが多い。我々の日常の意識活動は、このアウェアネスが中核となっている。アウェアネスは我々人間の知覚と行動を制御する意識の働きであり、機能性という点で際立っている。心の哲学や脳科学で機能的意識と言う場合、このアウェアネスを指している。そして、これの上に自己意識がある。これは機能的意識が自己の意識活動を反省するときに生ずるものであり、再帰的（リカーシヴ）な意識とも呼ばれる。自己意識は高度の脳機能を獲得した人類に特徴的なものであり、他の生物では類人猿のチンパンジーとオランウータンにわずかながら確認できるのみである。

覚醒は、脳幹の網様体賦活系から発する上行性の神経信号が視床を介して大脳新皮質を刺激することによって維持される。そしてアウェアネスは、これに環境世界からの感覚的情報入力が加わり、それを大脳の新皮質や辺縁系が神経的に情報処理することによって生じる。意識の脳科学に初めて挑戦したクリックは、視覚的アウェアネスに焦点を当てて意識の脳内発生機構を解明しようとした。アウェアネスは脳科学の客観主義的方法に適する機能的意識なのである。それに対して「アウェアネスの自己参照の産物たる〈自己意識〉」と脳の関係の解明は難しく、定説を得にくい。リカーシヴな自己意識とは要するに「意識の意識」ないし「意識活動の自覚」であり、抽象度が高く、神経科学の客観的対象化の手法では捉えづらいのである。アウェアネスが自己言及して発生したメタ意識としての自己意識。これは脳という複雑系が生み出した創発的特質であり、実は生命と情報の自己組織性に基づいている。自己意識は一見脳科学の手にあまり、現象学や形而上学などの哲学的アプローチしか許さないように思われるが、結局は脳の神経システムに基づいたものである可能性が高い。それをはっきりさせることは、より高次の哲学的観点からすると非常に興味深いことである。そのためには創発主義的観点が必要だというのが筆者の立場である。ただし、それについては後で論じることにして、とりあえず自己意識の本質と問題点について再確認しておくことにする。

4　自己意識の現象的質

自我の観念とオーバーラップする自己意識は不思議な現象である。我々各人は日常生活の中でときおり自分というものを意識する。何かを見ている自分。何かを聞いている自分。悪臭に耐えている自分。甘みや苦みを感じている自分。疼痛に耐えている自分。予期不安を感じている自分。期待に胸膨らませている自分。難問を考えている自分。そして、極めつけは自分の存在の意味に取りつかれている自分、つまり自分を最大限に意識している状態の自分である。これらの「自分」は一体どこにいる（在る）のだろうか。素朴かつ率直な感覚としては、何か目の奥、つまり感覚情報を集約し、身体運動を随意的に出力している脳のあたりに、それはいるような感じがする。知覚と意識と行為の主体（ないし担い手ないし動因）としての「自分」は、どうやら脳にその基盤がありそうだ（ちなみに、このように「自分」のありかを論じている「私」はいったい何者なのであろうか……）。

しかし、周知のように脳を切り開いて、その中身をつぶさに調べても、我々が普段感じている、あの自分は見つけ出せない。その代わりに複雑な神経回路とそれを取り囲む支持組織が現れるだけである。何も脳を解剖する必要はない。自分の知覚内容を隅々まで吟味しても結果は同じである。つまり、知覚内容の中には自分は含まれておらず、ただ諸々の知覚や感覚の要素がひしめいているだけなのである。しかし、それらを束ねてワンユニットにすると、たちまち自分というものが現れる。自分とは実体のない観点のようなものなのであろうか。それとも、神経システムの機能単位や知覚要素が自動的に合奏し統合するプロセスそのものが、自分という得体の知れないものをいつの間にか生み出すのであろうか。

とにかく、このような「自分」に関する意識、つまり自己意識は他のものに還元できない独特の現象的質をもっている。それゆえ、自己意識と脳の関係を解明しようとするなら、この現象的質を無視することは許されない。実はそれを無視して、その機能的特質に着目すれば、脳内の神経システムに着地させやすいのである。しかし、それでは不十分である。我々は、生命と情報の自己組織性という巨大な背景ないし基盤の中で自己意識が脳から創発するプロセスを解明しなければならないのである。

ところで、自己意識の現象的質の核心をなすのは独特の主観性である。しかも、この主観性には身体性が伴っている。メルロ＝ポンティが言うような世界内属的身体性である。そもそも「自分」と身体は切っても切り離せない融合性の関係にある。病気のときも健康なときも自分と身体は一体である。対外離脱といったつかの間の幻覚も、もともと自分と身体が一体だからこそ起こりうる現象なのである。

脳は身体の一部であり、後者の子分である。これは生物進化の過程を顧みるとすぐ分かる。人間の自己意識にもこのことは反映する。つまり、自己意識はあくまで「身体の子分としての脳」から生まれるのであり、その現象的質感には脳の情報処理には還元できない身体の生命的躍動感が反映する。「自分」は身体を生きつつ、諸々の感覚情報を知覚と意識の内容に変換し、自分自身をときおり意識するのである。このとき脳は身体と環境世界から生命的情報のフィードバックを受ける。自分が自分を意識するとき、あるいは自己が自覚するとき、環境世界→身体→脳という収斂的方向性において生命と情報の自己組織化が生起する。そのとき「私」は自分が能産的自然の自己組織性によって生かされて生きている、という実感に浸る。そして、これこそ自己意識の現象的質感が生命感覚的主観性によって満たされていることの証なのである。もし、脳科学が自己意識と脳の関係を解明したいなら、このことは銘記しなければならない。

5　脳のセルフモニタリング機能と自我の主観性

主観性は利己性と同様にときおり悪い意味に受け取られる。しかし、利己性も主観性も実は自己の生命の維持のために必要な手段なのである。そして、それは脳のセルフモニタリング機能と深く関係している。脳の神経システムは自己組織性によって形成されたものであり、高度の可塑性をもっている。個々の機能単位に分化した神経システムが自己組織化の働きに伴って、随時セルフモニタリングを自動的に遂行していることはたしかである。脳の神経システムは全体として自動的にセルフモニタリングしているのである。その証拠は脳が障害を被ったときに顕わとなる。たとえば、アルツハイマー病や統合失調症において脳のセルフモニタリングの機能は破綻する。それはこれらの疾患が呈する症状から見て取れる。脳の神経システムの活動は我々が生きるために必要なものであり、生命の目的因によって牽引されている。それゆえ、それは自己のシステムの全体的状態を常にモニターし、その神経的ホメオスタシスを維持しなければならない。つまり、システムが不安定にならないように、常に恒常化を目指してセルフモニタリングしているのである。ここでは、脳内の神経モジュールの構成よりはその全体性が着目されるべきである。つまり、大脳生理学的な個々の心的機能に責任ある部位間の関係よりは、脳内神経システムの全体が自ら不安定にならないように自己組織化的にセルフモニタリングを遂行していることに注目すべきなのである。もちろん前頭連合野とワーキングメモリーの座の連動は重要だが、脳内に限定して自我を見出す試みはすべて中途半端であり、必ず挫折する。これは特に自己意識の現象的質感に定位した場合、言えることである。脳の中に小さな私（ホムンクルス）を想定することなどできないのである。

脳のセルフモニタリングの機能は生命の目的因によって牽引されており、これが自己意識の現象的質感に反映する。脳の神経システムと自己意識の関係は、神経システム内での機能的因果連関から直接捉えるよりも、脳のセルフモニタリング機能が生命の目的因によって牽引されていることに着目して、創発主義的に理解されるべきものである。つまり、自己意識は脳の神経システムに基盤をもつとしても、その要素の総和をはみ出す創発的性質をもつのであり、それを顧慮しなければならないのである。還元主義者はそのような創発特性を認めないし、二元論者はそもそも脳の神経システムを自己意識の基盤とすら認めず、両者を全く別の存在次元に置いてしまう。注目すべきなのは、そもそも脳が自己のシステムの状態を自動的にモニターしているという驚異的な事実であり、しかもそのモニター機能が生命の目的因によって牽引されていることである。これは脳内に一千億個ある神経細胞の核内のＤＮＡに収納された生命情報の形質発現の一環とは言えるが、それだけではない。そもそも遺伝子は環境と相互作用しなければ、その機能を発揮しないのである。環境はすでに細胞膜内から始まっているが、やはり生体外の環境世界こそその親玉であることに異論はなかろう。

脳は身体に有機統合され、環境世界から入ってくる情報によって賦活される認知感情照合システムである。自己意識の現象的質感の中核に存する「自我の主観性」は、脳のこうした性質から生まれてくるのである。世界の中で自己の身体を生きる有機体の中枢としての「脳」は、有機体の認知生活を適正化し、自らのシステムのホメオスタシスを維持するために、常にセルフモニタリングの機能を働かせ続けている。この機能に基づいて、世界の中に居住する意識的生命体としての我々各人に「私であるという自覚」と自我のパースペクティヴが生まれるのである。そして、それは生命の目的因によって牽引されつつ、意識的主体が世界の情報構造に共鳴することによって生起する。脳のセルフモニタリング機能も自我の主観性も世界の情報構造によって賦活されるのである。この際「脳と世界の共鳴」と「自己と世界の共鳴」の同時進行が生起している。そして、この出来事は生命と情報の自己組織化として理解されるのである。

脳科学は、その黎明期から現在に至るまで脳と自我の関係の解明に呻吟してきた。未だ満足な解決案は得られていないが、研究は進展している。しかし、あくまで脳の中に自我の所在を求める姿勢は、どこまで行っても挫折せざるをえない。自我は他者と環境世界の情報と相互作用することだけからしか生まれない観念なので、いくら脳が必要条件だとしても、その働きだけを研究していては、自我と脳の関係は十分解明できないのである。いわゆるクオリア（私秘的な感覚質）の概念と絡んだ自我の主観性の問題は、二元論的解決案に逃げることなく、脳と世界の相互作用の観点から、生命の目的因を顧慮した創発主義的観点によって解決されるべきものである。そこで次にそれについて論じることにしよう。

6　脳と世界の相互作用による意識の創発

周知のように原始的な単細胞生物には脳はない。それが大分進化して感覚情報を神経系で処理する生物が現れるが、まだ脳はない。さらに進化して中枢神経系が充実した生物が生まれるが、脊髄のみで脳はない。そして、ついに脊髄の末端に神経的情報の集約所としての脳が出来上がるのである。現生人類の脳が、こうした神経系の進化の最終帰結であることは誰もが知っている。

もともと、あらゆる生物は環境の中で生活し、環境からの感覚的刺激に反応することによって行動するという特性をもっている。つまり、生物は基本的に環境世界と相互作用することを存在特性とするのである。その際、感覚というものが重要な役割を果たす。単細胞生物の全身的感覚機能、人間の多様に分化した感覚機能、その他あらゆる生物の感覚機能は、すべて環境世界の状態を認知し、それに適確に反応し、生存を維持するためにある。そして、この感覚機能が複雑化し、中枢神経系への情報集約が進展し、そのセルフモニタリング機能ないし自己言及機能が高度になると「意識」が創発するのである。前述の意識の三階層のうちで自己意識は、こうした機能が最高度になった人間に特徴的なものである。人間各自の人間らしさは、人格を伴った自己意識から発してくるのである。

以上のような単細胞生物から現生人類への感覚機能の進化とその帰結としての意識の創発という出来事は、生命と情報の自己組織化のなせる業である。そして、この「生命と情報の自己組織化」によって「脳と世界の相互作用による意識の創発」が生起するのである。

「生命と情報の自己組織化」と言うと、何か難しい感じがすると思うが、それほどでもない。我々人間を含むあらゆる生物は生命の自己組織化活動によって、その存在を維持している。具体的には細胞核内にある遺伝子ＤＮＡに書き込まれた生命情報よって生命活動が維持され、その範囲は生理システムから行動、意識まで及ぶ。しかし生物、特に人間の認知と行動は遺伝子に格納された生命情報だけでは機能せず、それに環境世界からの情報入力が加わらなければならない。つまり、両者の共鳴によって初めて人間の認知と行動は生起するのである。そして、この両者の共鳴こそ生命と情報の自己組織化なのである。

「生命と情報の自己組織化」と言う場合、「生命の自己組織化」と「情報の自己組織化」という二つの要素が含意されている。前者は比較的分かりやすいし、直前に少し説明した。問題は後者である。「情報の自己組織化」とは何であろうか。自己組織化とは能動性を表す概念である。とすれば、情報が能動性、ひいては主体性をもつ、ということになる。遺伝子に書き込まれた生命情報が、そのような性質をもつことは周知のことであるが、問題は環境世界の情報の方である。これについて考える場合、環境世界というものが自然的側面と社会的側面をもつことを顧慮しなければならない。

自然的世界は物理的秩序をもち、それは自己組織性によって成り立っている。そして、数学的自然科学によって、その秩序（法則性）が解明されるとするなら、それは情報構造をもつ、とみなすことができる。それゆえ、自然的世界でもやはり情報の自己組織化は生起しているのである。ただし、自然界に備わる情報の自己組織化は、それを認知する生物の情報処理機能に依存するものであり、それ自体で成り立っているものとみなすのは行き過ぎである。つまり、若干比喩的な意味合いがあるのだ。他方、社会的世界における情報の自己組織化は、社会自体に備わったものとしての性格が強い。なぜなら、社会的世界というものは自然界の中で人間が創り上げたものだからである。つまり、人間各自が共同で自分がもっている知識と情報を環境世界に向けて投げかけて作り上げたものが「社会」なので、社会的世界というものが情報構造をもち、それに基づいて情報の自己組織化が生起する、と言うことは至極当然なのである。この場合、社会的世界における情報の自己組織化は、人間と世界の情報交換によって成り立つものとみなすことに要点がある。そして、ここに脳と世界の相互作用による意識の創発を理解するための鍵がある。

人間の脳は身体に有機統合された情報処理の器官であり、感覚を知覚に変換し、意識を自己意識にまで高め、人格まで生み出す。しかし、先天的に付与された脳の神経システムだけでは自己意識や人格や言語的コミュニケーション能力を生み出すことはできない。人の脳は他者の脳と相互作用することによって初めて、そうした人間的な心の機能を獲得するのである。クオリアを伴う意識の主観性は、一見単独の脳の秘匿的な内奥から発生してくるように思われるが、これもやはり他者の脳との情報交換から初めて生まれるのである。ただし、身体に有機統合された脳と脳の情報交換ないし相互作用だけでは意識や心は生まれない。その情報交換に世界という背景があってこそ、初めて各人に人間的心と意識の主観性と社会的人格が生まれるのである。つまり、世界という情報構造の中で脳同士が相互作用することによって人間的意識が創発するのである。そして、ここで注目すべきなのは脳と世界の関係である。

人間の脳の神経システムは極めて精巧にできており、感覚、記憶、判断、意志、思考、運動出力、意識などの心的機能をその機能分化と統合作用によって適確にこなす。人間の脳が高度の思考と意識の能力を獲得するまでには長い脳の進化の歴史があった。この進化の歴史はそのまま情報処理能力の進化ということになる。神経系の誕生と複雑化→中枢神経系の誕生と発達→脳の誕生と進化→自己意識を生み出す人間の脳の誕生という過程は、そのまま情報処理能力の進化の過程ということになるのだ。そして、この神経系と脳の情報処理の機能は、世界にもともと備わっている情報構造を把捉するためのものである。裏返して言うと、世界の情報構造をより的確に把握し、それを認知生活の精密化に役立て、ひいては同生物種間の社会的共同生活を円滑にするために脳の神経システムは進化してきたのである。つまり、脳は世界のおかげでここまで進化できたのである。それゆえ、どの生物の脳も世界と相互作用しない限り、その機能は発揮できない。ちなみに、この「世界」には他の生物も含まれる。人間の場合、脳と世界の相互作用の媒介項として他者が重要な役割を果たすのである。

結局、人間の意識は脳と世界の相互作用の産物なのであり、その相互作用の内実が生命と情報の自己組織化活動なのである。また、人間の心は顕在意識だけではなく潜在意識によっても構成されていることを忘れてはならない。潜在意識ないし無意識は自然と直結したものであり、意識の上位概念たる「心」の内奥的本質を示唆する。

以上のことを顧慮しつつ、脳科学は哲学と協力して意識と脳の関係を探究しなければならないのである。ただし、哲学はそれを超えて普遍的存在論の核心へと突き進む。つまり、意識と脳の関係という領域的存在論の関心を超えて、心と生命の関係を時空論と結びつけ、それを存在そのものの意味への問いへと収斂させるのである。

主な参考文献

(1) アリストテレス『心とは何か』桑子敏雄訳、講談社学術文庫、二〇〇五年
(2) W・ジェームズ『心理学』(上・下)今田寛訳、岩波文庫、二〇〇一年
(3) D・C・デネット『解明される意識』山口泰司訳、青土社、一九九八年
(4) D・J・チャルマーズ『意識する心——脳と精神の根本理論を求めて』林一訳、白揚社、二〇〇一年
(5) 苧阪直行編『脳と意識』朝倉書店、一九九七年
(6) 品川嘉也『意識と脳——精神と物質の科学哲学』紀伊國屋書店、一九九〇年
(7) 拙著『脳と精神の哲学——心身問題のアクチュアリティー』萌書房、二〇〇一年
(8) 拙著『意識の神経哲学』萌書房、二〇〇四年
(9) 拙著『心の哲学への誘い』萌書房、二〇〇七年
(10) 拙著『創発する意識の自然学』萌書房、二〇一二年

第6章　自我と自然

はじめに

自我の問題は古来、哲学の中核に位置してきたが、特に近代以降この傾向は強まった。現代英米の心の哲学は、脳科学と対話しつつ自我の本性を解明しようとしている。哲学はなぜ自我を問題とし、どのような方法でその本質を究明しようとするのだろうか。

他方、自然もまた古来、哲学の中心問題であった。西洋最古の哲学はイオニアの自然哲学であった。その問いかけは、この自然的世界の根本的存在原理は何なのか、というものであった。周知の「万物の根元への問い」である。その後、西洋哲学の歴史において自然への問いかけは多種多様な仕方で繰り返されてきた。現代においては環境問題との連携において自然の本質への問いが盛んとなっている。

このように自我と自然は、それぞれ個別に問われ、哲学の重要な部門であり続けた。しかし、自我と自然を直接結びつけて論じた哲学者はそれほど多くはない。「心と自然」という問題ならば、西洋でも東洋でも昔から盛んに問われてきた。それは哲学のみならず、文学、芸術、宗教などにも及んでいる。日本人は元来、情感的自然観に浸されているので、心と自然の関係には敏感に反応するであろう。しかし、筆者が本章で論じようとしている「自我と自然」という問題は、そのような傾向とは別方向にある。つまり、単なる情感的自然観に流されることなく、自我と自然の関係を生命哲学によって統制しつつ解明したいのである。

筆者は二〇〇七年あたりから「君自身にではなく自然に還れ」という思想を繰り返し主張してきた。「君自身」とは、とりあえず「自我」のことであり、それに還ることなく、それに背を向けて自然に還れ、と主張しているのである。これは言うまでもなく「君自身に還れ」という思想への反逆である。アウグスティヌス、フィヒテ、フッサールなどの哲学者は「真理は外部の世界にではなく、君自身の意識の内面奥深くに隠されている。だから、君自身に還れ」と主張した。こうした大家をもち出すまでもなく、この類の思想を抱く人はかなり多い。筆者は、この傾向の真逆を目指しているのである。

筆者は心身問題と生命哲学と時空論と自然哲学を主に研究してきた。心身問題には意識哲学と自我論も含まれている。意識も自我も人間各自における心身相関と深く関係している。つまり、自我は心と身体の総合であり、身体という生命的自然と密接に関係しているのである。これは我々の「内なる自然」ということを示唆する。そして、この内なる自然は当然、外なる自然と切り離せない。外なる自然、自然そのものの内面的分有として自我と意識はあるのだ。このことを生命の本質に照らして考察するのが本章の趣旨である。

本書において、これまで何度も「能産的自然の自己組織性」に触れてきたが、本章ではその意味が自我と自然の関係の視座から顕現してくるであろう。筆者はなぜ「君自身にではなく自然に還れ」と長年主張してきたのか。その意味がいよいよ明らかとなる。

1 自我への問い

我々人間は自分の意識を内省し、自己の存在の意味に関心をもつ、という特性を有している。「私」とは何であり、なぜこのように考えたり行動したりするのか。「私」は何のために生きているのか。「私」を「私」たらしめているのは一体何なのであろうか。このように我々各自は自分の意識に問いかける。それは、我々が生きるために自己の在り方を常にモニターしていなければならないからである。我々は、自分の生命と生活を安全なものにし、心身の健康を維持するために、自分の状態を自己責任において監視し、適正化しなければならないのである。これは生物としての人間の自然的本能によるものであると同時に、社会において他者と共同生活していくために要求されるものでもある。我々は生きていくことのうちで自分の自我を意識し、なぜ私は他ならぬこの「私」なのであろうか、と自問する。自己の存在の価値と尊厳を確認したいからである。

しかし、こうした自己存在への関心には人によって強弱がある。常に自分の在り方を過剰に意識し、悩みを抱えやすい人もいれば、あまり自分のことなど意識せずに関心を外部の世界に放散する陽気な人もいる。そして、この両極端の中間に様々な程度の自己関心をもつ人々がいる。心理学においては性格類型に照らして、こうした自己関心の程度を換算し、統計学的に自己意識や自我の問題に取り組もうとする。それに対して、哲学では性格類型や自己関心の程度は度外視して、「なぜそもそも人は自己の存在の意味や自我の本質に関心をもつのか」というラディカルな問いを発する。もちろん、心理学的知見を参照することもあるが、哲学の問いは基本的に極めて直球的なのである。そして、その直球の的は「自己の存在の核心としての自我」である。

ところで、日常我々は「私は〜をしたい」「私は〜が嫌いだ」「私は〜と思う」というふうに「私」という一人称主語を慣用している。この「私」は世界中でただ一人の「この私」のことであり、個別的人格の所有者を指している。それに対して、「自我」というのはこれらの個別的「私」を集約して普遍化した抽象概念である。だから「自我は〜をしたい」「自我は〜が嫌いだ」「自我は〜と思う」という表現はない。あったとしたら極めて不自然である。「私」と「自我」は同一ではないが一体二重性の関係にある。

哲学が自我の本質を探究する際、普通は個別的人格の所有者としての「私」は脇に置かれる。すべての「私」に共通する本質としての「自我」が問題だからである。そもそも唯一無二の個別的人格ないし存在と言っても、その中身は大して変わらない。個別性に囚われればきりがないだけである。それよりも生物としての人間各自に自我があることの方が驚異的であり、関心が尽きない。もちろん、人間以外の生物にも自我らしきものはある。自我の最底辺の機能がある、と言ってもよい。

自我の機能が明確になるのは脳の機能の進化による。脳、特に大脳新皮質の中の前頭連合野の機能が最高度に進化した生物としての人間は、意識の統合作用において秀で、自己の認知と行動の機能の再帰的自己言及性が精密であり、その結果、心の統覚者たる自我が明確に機能し、自己の意識に反映するのである。そして、このことは周知の「主観性」という概念に関係してくる。

「自我」はたしかに個別的人格を一旦度外して得られた普遍概念であるが、各人に固有の主観的パースペクティヴは含意している。我々各人は自分固有の独特のものの見方、感じ方、考え方をもっている。その特性は各人が内面的に確認できるものであり、他者はそれに直接アクセスできない。つまり、とりあえず私秘的である。この内面的私秘密性をまとった各人特有のパースペクティヴを「主観性」と言う。

この主観性に関しては、それに過度な関心をもち、その重要性を誇張する哲学者がいる一方で、それに大した価値を認めない哲学者もいる。また、哲学においては主観性も自我と同様に集合的な抽象概念であり、一般の人が考えるような各人各様の観点や内面的意識内容とは一線を画している。それゆえ、我々は哲学的に自我の問題を考える際、日常自分が感じている「私」から距離を置いて、客観的な学問的態度でその本質を探らなければならない。

客観的な観点は自然主義的ということにつながる。「私はなぜ他ならぬこの私なのか」という問いを、心身二元論的観点から超自然的方向へと進みつつ、神秘主義的な解答へと導きたがる輩がいる。「私」「主観性」「内面的私秘性」といった現象は、自然界の客観的観察対象のもつ物理的性質とは一見全く違ったものに思えるからである。それらは直接目に見えず、重さも大きさも色も臭いも温度もない。そもそも観察の対象になる客観性がないのである。つまり、主観は主観自身を対象化できない。それゆえ「私」は超自然的なものである、というわけである。

このような心の神秘主義者に対して真っ先に指摘してやるべきことは、「私」と身体の一体性である。「私」の内面的意識にだけ着目していると見えなかった「私」の自然性は、「私」そのものである「身体」によって一気に明らかとなる。それを次に説明しよう。

2 自我・身体・自然

身体を離れた自我というものはない。しかし、日常的感覚として「私」は自己の身体を客観視しているように思える。これには自由意志による随意的身体運動の機能が強く関わっている。椅子から立ち上がろうとする。手を伸ばして棚の上の物を取ろうとする。バスに乗り遅れまいと小走りになる。嫌な奴のむかつく言動に切れてぶん殴る……・等々。このように我々は日常、自分の意志を先導者として身体を動かしている。というか、動かしているように感じる。その際、自分の意志と実際の身体の運動には見かけのタイムラグがあり、自分の意志は身体の物理的運動に先立つ、何か非物質的なもののように思える。「私」は身体そのものではなくて「身体の操縦者」のように思われるのである。

他方、日常生活の中で自己と身体が一体のものに思われるときもある。たとえば、高熱を出してうなっているとき。嘔吐しているとき。眩暈や貧血を感じて失神を恐れているとき。ロッククライミングしているとき。医師に重病の可能性を告げられ、ＣＴやＭＲＩの検査を受けているとき。早朝覚醒して鬱々としているとき。そして、怪我や糖尿病の合併症で脚を切断したとき……等々。このような場合、自己と身体の間に分離はなく、「私」は身体そのもののように思われる。なぜなら、これらの場合、自由意志のよる身体の操縦が著しく損なわれるからである。そもそも「私」が自由意志を発動させてから身体運動を制御している余裕などないのである。もちろん、全く自由意志がなくなるわけではない。自由意志と身体運動が限りなく一体に近くなるのである。

以上のように自我と身体の間には分離と融合（ないし一体性）の感覚が両立している。我々は、物事を深く考え、概念を操作しいるとき、自我と身体の二元論に傾きやすい。日常生活においても思索ないし瞑想中に自我と身体を二元分割するのは人間の思考の癖であり、現実には常に自我と身体は一体なのである。というのも、最初に挙げた諸例においても、実際の物理的身体運動を欠いた自由意志というものはなく、自由意志は常に身体の運動を前提とし、それを欠いては意味をなさないからである。自由意志と身体運動にタイムラグがあるように感じるのは、前者が非物質的精神実体の作用だからではなく、身体運動が生命の自己組織性によって発動するからである。そして、この自己組織性は反省的意識には直接現れない。二元論的思考において、直接反省的意識に現れないものは、自由意志の範疇から排除されてしまう。そこから、自由意志と身体運動のタイムラグへと思考は一直線に進み、自我と身体の間に分離が成立してしまう。しかし生命の自己組織性は、自由意志と身体運動の間にタイムラグが発生する以前に両者を統合しつつ、日常の行為を自動制御してくれる。

この考えに従うと、自由意志と身体運動が一体二重性の関係にあることが分かってくる。自由意志と身体運動は区別されつつ一体なのであり、両者は「生命」という一つの大きなシステムの中で役割が分担されつつもけっして分離しないのである。よく、人間の精神が脳の機能に還元されると自由意志が否定される、と恐れる者がいるが、それは前提が心身二元論的だからである。生命の自己組織性の思想は創発主義的であり、唯物論や人間機械論とは無縁である。しかし、自我と身体、精神と物質の二元論者には、このことが分からない。

ところで、生命の自己組織性は「自然」ということと深く関わっている。古来、多くの思想家が人間の自我の本質を探究してきたが、それを自然に基づけるか、それとも超自然的方向へと赴くか、という対立する傾向が様々な形態で現れてきた。その際、「自然」自体をどのように捉えるかによって、思考が歪曲されたり適正化されたりした。二元論者のほとんどは自然を機械論的に捉え、有機的自然ないし生命的自然という概念に目を開けなかった。

自我の自然的本性を捉えるためには有機体的自然観に目覚める必要がある。有機体的自然観においては見かけの物心二元論と主観－客観対立図式は乗り越えられており、自我と身体は一体のものとして理解されている。その際、対象化されない自我の主観性という観念は、身体の生命的自己組織性によるセルフモニタリング機能へと吸収され、その謎的性格は消え去る。身体に有機統合され、環境世界と一体となった「脳」のセルフモニタリング機能から自由意志と意識の主観的特質が創発するのである。そして、創発ということは生成と時間性に関係している。また、成長や進化とも関係している。我々が自由意志を働かせて、自己の活動領野を切り開くのは、新たな行動と生の可能性を賦活するためであり、それは生命と深く結びついた意識の創発的性質を示しているのである。

我々は自然の中に生まれ、成長の過程で自然の豊饒な特質を満喫し、次第に老化し、最後には死せる物質に解体しつつ、再び自然に還る。この人生の過程の中で「自我」は自らが身体そのものであり、自然によって生かされて生きている、ということを骨の髄まで知らされる。それにもかかわらず、自我と身体を物心二元論的に切り離し、反自然主義的スタンスを取りたがる人がいるのは、なぜなのか。それには「自然を覆い隠す原理としての主観性」ということが関わっているように思われる。

意識の主観性に囚われると、自我が客観的物質世界としての自然とは存在論的に別次元のもののように思えてくる。このとき、本来、客観的物質世界などというものには尽きない「自然」が、強引に主観性に対置された冷たい機械的体系へと貶められる。いのちと情感に満ち、理性と知能溢れる人間の心がもつ特性としての意識の主観性には人格性も宿っている。それに対して、自然にはそのようなものはない。しかし、そのように捉えられた自然は、あくまで主観に対して限定的に表れた自然の側面にすぎない。根源的自然ないし自然そのものは、そうした主観による対象化以前に、生命の奥底から我々の心に湧き上がってくるものなのである。それは身体の生理的システムのもつ高度の秩序、つまり生命の形相性を意味する。これは我々の内なる有機体的自然であり、対象化される以前の生きられる自然である。本当は誰もが、この生きられる自然を薄々感じているはずなのである。しかし、自然を覆い隠す原理としての主観性に囚われると、自らを生かし、無意識の根底から意識へと上ってくる生命的自然の働きが見えなくなる。こうした主観性の障壁を乗り越えてこそ、自我と身体の一体性、ならびに自然の中での意識の創発的進化というものが分かってくるのである。

3　能産的自然の自己組織性と自我の創発

次に自然の中での自我の創発について考察してみよう。これまで何度も「能産的自然の自己組織性」に言及してきたが、ここではこの現象と自我の創発がどのように関係するのかを明らかにしたい。

筆者の言う「能産的自然」はルネサンス期の自然哲学者やスピノザが言うそれとは違って、神の存在を前提としていない。単に能動的で産出的な自然の生命性を意味するものとして、それを使っているだけである。それゆえホワイトヘッドが言う有機体的自然に極めて近い。

「能産的」ということは「自己発動的」ということであり、主体的能動性という含蓄がある。自然に主体的能動性という性質を帰属させると、「それは擬人化だ」という批判を受けやすい。しかし、この批判は実は人間中心主義の主観的心観から派生する紛い物にすぎない。主体的能動性はたしかに生命体としての人間の心的能力に特徴的なことである。ただし、それは人間にのみ属すものではない。人間の意識的反省能力に過度に依拠するから、人間だけに主体的能動性が帰属すると思ってしまうのである。だから、他の物、特に生物以外のものにその概念を適用すると「それは擬人化だ」という思念が湧き上がってくるのである。

自然には秩序を自動的に産出する「自己組織性」が備わっている。ビッグバンによって誕生した宇宙は物質の分子的進化から自己複製する核酸（RNAとDNA）を創発せしめ、それが原核細胞から真核細胞をもった原始的生物の誕生につながり、さらにそれが進化を長年繰り返し、脳をもった生物を創発せしめた。その後、脳をもった生物は進化を繰り返し、ついに霊長類から超霊長類として現生人類を生み出すに至った。この過程は古くは神ないし創造主の御業と思われていたが、擬人化とは無縁の科学的探究は、それを自然に内在する自己組織能として明らかにしたのである。つまり、神の創造性が自然の自己組織性に置き換えられたのである。

ちなみに、進化論ではよく「偶然」という概念が使われる。生物進化の過程は偶然によるところが大きいというわけである。これは神による創造にまつわる「必然性」に過剰に反発した思考姿勢である。しかし、この偶然性の思想は近年、自己組織性と創発の概念によって克服されようとしている。生物や物質世界に見られる整合的構成秩序は単なる偶然の産物ではなく、自然そのものに備わる秩序産出能力の創出物とみなされるようになってきているのである。

無機的な物質世界は放っておくと時間経過とともに秩序が自動的に崩壊し、乱雑なものになっていく。それに対して、生物ないし生命体の領域では誕生→成長→老化→死という過程の中で秩序が「生成＋衰退」の相をもって自動形成される。これは宇宙の物質進化の産物たる自己複製する核酸（DNA）とそれを取り巻くエピジェネティクな周縁契機の働きによっている。我々人間の身体も心も結局は「DNA＋エピジェネティクな契機」の産物なのである。ちなみにエピジェネティクな契機には生体外の環境要素も含まれる。

生物学の世界で遺伝子の本体が細胞核内の染色体を構成するDNA高分子の連鎖であることが分かったとき、全世界に衝撃が走った。そのとき「何だ、人間は結局、遺伝子の乗り物の物質機械なのか」という軽薄な意見がけっこう多く出た。しかし、その後こうした極端な遺伝子決定論的人間機械論は衰退し、「DNAだけでは生命の本質は理解できない」という思想が優勢になってきた。そのときエピジェネティクスという概念が重要な役割を果たしたのである。DNAないしゲノムの働きを背景から援助し、生物の生命活動を成り立たしめるもの。それがエピゲノムであり、その内実を解明する科学がエピジェネティクスである。簡単に言えば、生物の生命は遺伝子と環境の相互作用によって構成される、ということである。ちなみに、エピジェネティクスという概念はアリストテレスが提唱したエピジェネシス（後成説）から作られたものである。

遺伝子と環境の相互作用はまさしく「能産的自然の自己組織性」に当たる。しかも、この自己組織性には目的因に準ずるものが備わっている。直接目的論を提唱することはできないが、生物の存在と生成には目的因が働いている、とみなすことに躊躇はいらない。誕生→成長→老化→死という生命個体のプロセスは、繁殖作用によって次の生命個体に受け継がれ、以後同様のプロセスが延々と続いていく。これこそ筆者が言う「生命の大いなる連鎖」である。地球上の生物はいつか地球もろとも絶滅するであろう。しかし、数十億年も続き、さらに今後も続く生命の大いなる連鎖は、宇宙の中での生命の創発という驚嘆すべき出来事の目的性を自然内在的に示すものである。つまり、超自然的要素に関与しない自然内在的な目的性としての「自己組織性」の輝かしい徴《しるし》なのである。

こうした思想から人間における自我の存在はどのように捉えられるであろうか。

人間各自の自我は、生物進化の頂点に立つ現生人類の脳の自己言及性による高度の認知機能である。この脳の自己言及性は系統発生と個体発生という二重の過程によって獲得されたものである。系統発生とは生物種の進化を表す概念であり、脳の進化が現生人類においてセルフモニタリング機能が頂点に達したことを意味する。他方、個体発生は個人における成長に関する概念であり、胎生期→乳幼児期→学童期→思春期→青春期→青年期→壮年期→熟年期→老年期という人生行路における脳の成長と自我の発生・成長を意味する。系統発生も個体発生も自然の自己組織能によって営まれる生命的活動である。それゆえ、脳の自己言及性の系統発生的進化を基礎にした個人の人生経路における自我の誕生と成長は、結局は自然の自己組織性に負っているのである。

我々は、自分の自我のことを考える際、その繊細で霊妙な精神性に魅入られて、超自然的な次元を想定してしまう。特に「唯一無二の〈この私〉」という観念に囚われると、その傾向は極まる。「私はどうして〈この私〉なのであって、他のあの人ではないのか」というふうにその感慨は定式化できるが、実は「他のあの人」たちもみな同様に考えているのである。ただし、各人の思考と意識は内面性のバリアーによって覆われて、互いに隔絶しているために、自分だけそのような思念に取りつかれているように思われるだけなのである。これは自然からの逸脱とであり、心と生命の分離である。

「私」「自我」「自己」。これらはすべて生命の本質の発現であり、各人のゲノムとエピゲノムの協働、あるいは遺伝子と環境の相互作用から生まれる自然的機能である。しかし「自然を覆い隠す原理としての主観性」という思考の罠にはまると、「この私」が超自然的精神性の容貌を伴って際立ってくるのである。これは個別性と超自然性（ないし物質性）の混同に他ならない。個別性は社会的共同生活を円滑にするための人格的機能であり、実は超自然的次元とは無関係である。しかし、内面的反省の自意識過剰な魔力に囚われると、社会的次元が視野から外れて、超自然的領域へと思考が吸い込まれてしまうのである。

「唯一無二のこの私」は他の「唯一無二のこの私」である「あの人」との出会いとコミュニケーションからのみ生まれる社会的な生命的精神概念である。我々各自の自我は、我々各人を生かしてくれている自然の恩恵を元にして、その恩恵の下で他者と社会的に相互作用しない限り生じることはない。そして、この発生は「創発」と言うにふさわしいものである。つまり、もともとあった発生基盤と想定されるものの性質からは予想もできないものが、時間的に前進する方向で生成的に誕生し、その後創造性を発揮していくのである。脳を構成する神経回路とその支持組織をいくら調べても、さらに遺伝子の次元まで子細に探索しても、それだけではあの精妙な自我の精神的内実を現象的に再構成することはできない。これは自我という全体的システムが脳の構成要素の総和を超越する創発特性をもつことを意味する。しかし、それは自我と脳の分離など意味しない。そして、自我が自然を超えた存在論的次元にあることも意味しない。むしろ、自我は自然のど真ん中にある生命的機能なのである。自然の自己組織性は、「他との共存」という生命の本質的契機を自我にも注入し、そうした自然の恩恵を心底理解できた者は、自己の自我の創発を社会と自然に役立てるべく創造的人生を構築することができるのである。

4 「君自身にではなく自然に還れ」とはどういうことか

筆者は長年「君自身にではなく自然に還れ」というテーゼを主張してきた。我々は自己の生を振り返り、自己の存在の意味に深く思いを馳せるとき、「絶対他ではありえない唯一無二の〈この私〉」という観念に取りつかれる。かけがえのない自己の一度限りの人生への愛着からその観念は発生してくる。このように考えるとき、人は自然と生命の本質をどのように理解しているであろうか。我々の思考は、哲学的に深く鍛錬されていない限り、基本的に物心二元論的に物事を捉えてしまう。自我の本質と自己存在の意味、あるいは一度限りの人生の価値といったものを考える際、「精神と自然」という対置図式がいつの間にか意識を支配するのである。「精神と物質」という対置図式と言ってもよい。つまり、自然は物質の領域に引き込まれ、精神と対置されるのである。「自我」とか「唯一無二の〈この私〉」というものは、普通「精神」の領域にあるものとして理解され、物質としての自然から切り離される傾向にある。自然の個性のない斉一性に対して、「この私」は主体性と主観性と個性と内面性に満ち溢れ、とても法則的一般化などできない無比性をもっているように思われる。しかし、「この私」が虫歯になったり下痢をしたりインフルエンザに罹った場合、どうであろうか。そのような極端な例を出さずとも、食事をしたり、睡眠したり、運動したり、買い物するとき、「この私」は自然法則から逸脱した比類なき精神的価値によって満たされ、やはり物質的自然とは隔絶しているのであろうか。原因不明の慢性疼痛に長年悩まされていた人が、抗うつ薬によって一気に治ることがある。この例の解釈は微妙だが、自我と自然の関係を考える際に重要な示唆を与えてくれる。

基本的に抗うつ薬は精神疾患としてのうつ病に処方される薬である。ここにすでに抗うつ薬の物心両義性が表れている。うつは自我が崩壊し自殺に導くシビアな精神現象であるが、それには脳の機能変調が関わっている。子細に言うと脳内の神経伝達物質(セロトニンやノルアドレナリン)の伝達障害が関わっている。この原因には本人の遺伝子的要素と環境からのストレッサーの関与があり、一義的ではない。しかし、うつが自己存在の危機を表すシビアな精神的現象であることに変わりはない。だからと言って、それが物質的自然や身体の生理的過程とは別次元のものとして捉えることはできない。芥川龍之介の晩年の苦悩は、物質的自然や身体の生理とは無縁の純粋に精神的なものであろうか。彼は遺書の中で自殺を決意したら自然が美しいものになったことを告白している。

「唯一無比のこの私」という観念に囚われやすい人は、自然を無機的物質性や無個性的法則性の領域に追いやり、能産的自然の自己組織性という生命溢れる自然の豊饒性が視野から外れてしまう。しかし、我々は自我の本質を考える際、自然と生命の一体性にぜひ目を開かなければならない。

我々各人はみな自尊心というものをもち、自分を誰よりも愛している。しかし、いつか死ぬという運命から逃れることはできない。死の可能性に直面すると、人は自己の愛おしさがひとしお極まる。自分が関心の的となり、周囲世界への興味は次第に薄れていく。そして「自分自身に還る」という思念が湧き立ってくる。死の可能性という極端な例を出さずとも、自分の存在の意味を見つめているとき、内面への沈潜が極まり、「自己自身に還る」という意識が優勢となる。「外的世界は喧騒と乱雑さに満ちている。それは真理からはかけ離れている。真理は自己の内面深くに隠されているのだ。だから、自己の内面深くに沈潜し、自己自身に還るのだ」というふうに、その意識は定式化できる。ここで「自己自身に還る」ということは、他者に向けて一般化され、「君自身に還れ」というテーゼとなる。

我々は、自己の実存的価値や一回限りの自己の人生の意味などを考えると、どうしても「君自身に還れ」という思想に傾倒したくなる。しかし、そのとき生命の本当の意味を成り立たしめるものが見失われる。つまり「生命の大いなる連鎖」が視野から抜け落ちるのである。自己は自己でありつつも自己を超えて、この「生命の大いなる連鎖」に帰属している。そして、この連鎖は能産的自然の自己組織性によって成り立っている。それゆえ、「君自身に還れ」という切ない欲求をあえて振り切り、自己を超えて「生命の大いなる連鎖」へと自己を解消（融解）することは、生命的自然たる能産的自然の自己組織性へと還帰することを意味するのである。

生命の大いなる連鎖は「生命の大河」と比喩的に言い表すことができる。この大河の中で我々各自は自我を獲得し、自己の存在の意味に思いを馳せる。しかし、内面と個体性への沈潜は大河の悠久性と豊饒性を見失わせる。大河は生命個体の死の連鎖によってその流れを維持している。これは厳しいが、事実であり、現実の極北である。この現実を受け入れ、自然の恩恵に気づいたとき、我々は小我を超えて大我に至ることができるのである。

「大我なんて単なる理想だよ」と思いたい気持ちは分かる。そもそも「大我」に「我」という要素が入っていることが混乱のもとなのである。「我」というものはあくまで個人的実存性にまといつかれた観念であり、「自己を超えた自己」を意味する「大我」など矛盾概念としか思われないのである。しかし、「大我」ではなく「大河」なら分かるであろう。どちらも平仮名では「たいが」であるが、後者の意味はすぐ分かる。それなら「生命の大河」一元論でもよい。「小我を超えて大我に至れ」などと言わず、ただ「生命の大いなる連鎖」としての「生命の大河」、その悠久の流れと恵みと豊饒性を理解せよ、でよいのである。

しかし、「生命の大河」の意味とそれが能産的自然の自己組織性に基づいていることに気づけば、そして自我がその自己組織性から創発することに気づけば、我々は「大我」の意味を理解しなくても、「君自身にではなく自然に還れ」という思想の意味を理解し始めているのである。

筆者は「君自身にではなく自然に還れ」という思想を案出した際、ムンクから強い影響を受けた。ムンクは「叫び」という作品で有名な北欧の天才画家であるが、精神疾患に侵されていた。その阿鼻叫喚の苦悩と苦痛が「叫び」という絵に表現されている。この絵では自然は自己を脅かす悪魔の様相を呈しており、自己と自然は対立している。しかし、ムンクは後に自然と和解し、自然の深い恵みと雄大な生命性に目覚め、それを巨大な太陽壁画として作品化した。これは極寒の北欧を照らす太陽の光の拡散を強力な筆致で描いたものであり、一切の苦悩を自然へと吸収する光の弁証法的生命性を象徴している。ここで自己と自然の対立は完全に乗り越えられ、自己の苦痛と苦悩は残ったままで全現実が肯定されることになる。これは幸福と不幸の対立の彼方にある至福以外の何物でもない。あるがままの小我があるがままで自然と一体となり、生命の大河に合流するのである。

自然とは「自ら然る」ことである。我々はあるがままの自己を受け入れつつ、「君自身にではなく自然に還る」ことができるのである。

主な参考文献

（1）J・デューイ『経験と自然』河村望訳、人間の科学社、一九九七年
（2）A・N・ホワイトヘッド『自然という概念』藤川吉美訳、松籟社、一九八二年
（3）日下部吉信『ギリシア哲学と主観性——初期ギリシア哲学研究』法政大学出版局、二〇〇五年
（4）C. de Quincey, *Radical Nature : Rediscovering the Soul of Matter*, Invisible Cities Press, Montpelier, 2002
（5）仲野徹『エピジェネティクス——新しい生命像を描く』岩波新書、二〇一四年
（6）拙著『自我と生命——創発する意識の自然学への道』萌書房、二〇〇七年
（7）拙著『心の哲学への誘い』萌書房、二〇〇七年
（8）拙著『心・生命・自然——哲学的人間学の刷新』萌書房、二〇〇九年

第7章　情報の存在論的意味

はじめに

情報とは何であろうか。情報は言語や記号と密接に関係し、我々に知識やメッセージを授けるものとして理解されている。明日の天気。株価の変動。試験の内容。就職先の人間関係と仕事内容……等々。これらはすべて言語や記号や画像を媒体として我々に知らされる「関心ある物事の内容」である。知識やメッセージやニュース自体は抽象的な記号の体系であり、物質的実体性はない。それは広い意味での「心的なもの」である。情報は基本的に我々の物事の知り方に関わるものであり、物質的実体性を伴った物事は情報の指示対象ではあっても、情報それ自体ではないのである。

哲学の分野に認識論と存在論というものがある。以上に述べた事情からすると、情報は認識論的に扱うべきものであって、存在論は関わらないものである、というふうに思われる。しかし、この思念は情報のもつ別の側面を顧慮すると簡単に覆る。前世紀に遺伝子の本体が細胞核内の自己複製する核酸たるＤＮＡ高分子であることが解明され、この高分子に塩基の配列という形で遺伝情報ないし生命情報が書き込まれていことが分かった。この発見は「情報」というものの見方に革命をもたらした。つまり、人間の意識や思考という認識能力を媒介とせずとも、自動的に情報を伝達する経路があることが分かったのである。また、ＤＮＡに含まれる遺伝情報ないし生命情報は知識に関わるものではなく、人体の物質的組成と生理学的活動を組織化するものである。しかも、それ自体が原子と分子の結合様式に規定された物質である。ＤＮＡは物質がそのまま情報である稀有な例なのである。あるいは、それは情報的物質であり、情報が物質を形作るプロセスを如実に示すものとして注目に値する。

ＤＮＡは、情報が単に認識論的に扱われるべきものではなく、存在論的にも考察されてよいことを示唆している。ちなみに、前世紀から始まったニューサイエンスはシステム論と結託して、自然界の物理的プロセスに情報が内在することを強調してきた。その場合、情報は単なる心的な存在レベルでの知識やメッセージとしてではなく、物質界ないし物理的世界の秩序を形成する原理として捉えられた。雪の結晶やミツバチの巣の整合的なハニカム構造、あるいはベローソフ・ジャボチンスキー反応に典型的な化学反応の際の自動的な時空的秩序の発現などは、そうした秩序形成の代表例である。

自然界の自動的秩序形成は、我々各人の身体と心の形質発現を自己確認すれば、容易に理解できる。四肢欠損や奇形にならずに生まれてきた大多数の人の身体の物質的組成と生理的活動の秩序は、我々自身や両親や祖先や神様が造ったものではなく、情報物質たるＤＮＡの形質発現の産物である。欠損や奇形という欠如態に対する健全態という例は自動的秩序形成の事実の理解を容易にする。なぜ、この自然界に自動的な秩序形成の原理が備わっているのであろうか。なぜ乱雑なままではなく、整合的な秩序が発現するのであろうか。それは、知識やメッセージという情報の一般的意味を超えて、情報の存在論的意味を問うことを促す。それはまた、近代科学の背景にある物心二元論と機械論的自然観を超えることにつながる。さらに、その先にはアリストテレスの形相因と目的因の復興が控えている。情報（information）が単に心的次元にあるものではなく、物質に内在し、認識論と存在論の両面に張り渡されたものであることは、プラトンのイデアとアリストテレスのエイドス（形相）の概念にすでに示されていたのである。

以上のことを顧慮して、情報の存在論的意味について吟味してみよう。

1　物と心の間としての情報

我々は自然界の事象を自己の脳の認識能力によって解釈し、種々様々な概念を造り出す。この過程において物と心と情報はそれぞれどういう役割をもち、どういう存在次元にあると言えるだろうか。「物」とは非常に広い概念であり、物質、物理的事象、自然的生成過程のすべてを含んでいる。また、それは粒子や物体という現象と密接に関係する概念であり、実体性を伴ったモノ全般を指している。それは座標空間的な位置を確認しやすい視覚化可能性によって彩られている。それはまたモノとコトの対比において使われる概念である。その際、コトが流動的で拡散的な存在性格をもつのに対して、モノは固定的で堅固な実体性を帯びたものとして理解される。そして、このモノ的存在性格は、意識に現れる心的対象に対しても使われる。言うまでもなく、人間の意識には自然界と社会の事象がモノとコトの両側面を伴って現れてくる。

それでは「心」とは何であろうか。心は意識と無意識の総合としての認知感情システムである。それは基本的に脳の神経システムの働きであるが、同時に脳と世界の相互作用の産物でもある。心は実体というよりは機能であり、どこにあるかという場所的存在性と物体的個体性をもたない流動的で拡散的なシステムである。それはモノではなくてコトでありプロセスである。こうした存在性格なので、心はある種の思考傾向をもつ人々から「存在しない」というレッテルを貼られやすい。唯物論者ないし物質主義者はその代表である。「心など本当は存在しないのだ」という思想もその産物である。しかし、意識や思考や感情や記憶は、確実に機能し、活動し、実在性（現実性）をもっている。「心など本当は存在しないのだ」という思考が存在しない限り、唯物論者の思想が正当性を得られないとするなら、やはり思考は実在し、心は存在するのである。厳密に言うと、心はモノとしては存在しないが、コトあるいはプロセスとして存在する、ということになる。愛とか幸福とか善という抽象概念はすべて、これと同じ存在性格をもっている。

唯物論者は「人間は物質にすぎない」という主張を好むが、「民主党は物質にすぎない」と言うことはない。これは何気ないが、重要な真実を示唆している。我々、特に物質主義者は、古くからある心身二元論や心霊主義に翻弄されて、人間の心や精神の存在に関してナーバスになり、それを必要以上に否定したがるのである。心は平和や経済や民主党と同様の抽象概念であり、モノとしては存在しないが、コトないしシステムとしては実在するのである。「実在する」と言うよりは「現実性をもつ」と言った方が穏当であろう。

以上のように、物と心は異なった存在性格をもつが、どちらも現実的であることに変わりはなく、自然界において同等の地位を有している。しかし、これは心身二元論を支持する主張ではない。心身二元論、特に実体二元論は、物と心を異なった存在次元の独立実体として理解するが、これは物と心の双方を無思慮にモノ（実体）として理解し、存在論的無差別の状態に放置してしまう。物は実体として存在するが、心は機能的な現実性をもつだけであり、実体としては存在しないのである。また、物は客観性を核とするが、心は主観性によって特徴づけられる。しかし、ジェームズやラッセルが指摘したように、我々は物と心、あるいは主観と客観の分離以前の実在の中性的本質というものを想定することができる。世界あるいは現実は、究極的には物質的でも精神的でもない「ある中性的な存在」によって根本から支えられ、構成されているのである。この中性的一元論は、主観と客観の分離以前の純粋経験をも示唆する。

主観と客観の対立の克服という主張は少し言い古された感があるが、今一度シリアスに受け取り、その深い意味を考察する必要がある。そもそも、なぜ主観と客観の対立は克服されなければならないのか。主観と客観の対置は、思考と存在理解の固着を生み出し、現実把握を固定観念によって妨害する。たとえば、それは「心は主観的なものだから、その客観的存在把握は不可能であり、それゆえ心の科学なんてありえない」という思考を誘発しやすい。たしかに心の科学の確立は難しいが、主観と客観の対置図式だけに訴えて、簡単に「不可能」と割り切るのは怠惰すぎる。そもそも心は主観性だけを特徴とするのではなく、生命性や社会性や自然との融合性ももっている。また、物ないし物質とも重なる部分があり、一概に非物質的とか非客観的と割り切るのは軽率すぎる。心理と生理は人間の身体において融合しており、生理的不均衡はすぐに心理的不調へと反映する。それには体内の様々な情報伝達経路が関与する。神経伝達物質やホルモンといった内在的要素がそこで活躍するが、薬物や酒といった外部から摂取されたものも強く影響する。これらは我々の主観的意識に身体の生理的状態の異変として情感を伴って反映するが、単に「主観的なもの」ないし「気のせい」として見下すことはできない。客観的な生理的過程が実在的なものであり、主観的な苦痛や不快感は幻想だ、とは誰も思わない。そもそも、こうした心身相関において主観的なものと客観的なものは入れ子となっており、綺麗に二分割できないのである。我々は、この心身相関に着目して心身二元論と主観-客観対置図式の克服を目指さなければならない。その際、物と心、身体と心、あるいは主観と客観の間に「情報」という契機を措定することが推奨される。

情報は物質ではないが物理的なものという側面をもつ。また、思考や知識や意識に深く関与する心的なものという性格をもちつつも、同時に身体の組成や生命のシステムに秩序形成という形で寄与するという媒質的機能ももっている。

情報は一般に言語(発話、文章)や記号によって構成されるが、電波や神経パルスのような物理的形態で発現することもある。我々はあまりに「言語を媒体とする情報」にこだわっており、電波や神経パルスやDNAなどは情報概念の理解から疎外されやすい。情報は単なる知識やメッセージにとどまるものではなく、物理的プロセスや物質の組成に秩序を付与する構成原理でもあるのだ。言語が心の側に偏っているのに対して、電波やDNAは物の側に偏っている。これらの偏向にもかかわらず、情報は心と物の双方に張り渡された中性的存在性格をもっているのである。

かつて筆者は「心（精神）って非物理的なものでしょう」と言い張る人に対して「心（精神）も物理的なものなんだよ」と言い諭したことがある。心は脳の神経回路網における電気的‐化学的な情報伝達が複雑に構成されて創発する生命的認知感情現象である。「創発する」ということは、その発生元のもつ性質を超えた新たな特性が現れることを意味する。つまり、物理的な基盤から非物理的なものが発生するのである。しかし、情報はこの基盤と発生結果の双方を包摂する生命の構成契機である。心は情報を元とする生命機能なので、後者の根本特性をそのまま反映して、物理的と非物理的双方の性質を帯びる。ただ、深く考えない人にとっては非物理的性質が際立つにすぎないのである。

情報は生命の構成契機であるとともに世界の根本的構成原理でもある。世界はその根本において情報的に構成される。つまり、情報は自然の造形と社会の秩序と人間の意識構造の源泉となる形態形成の原理なのである。情報は物質とエネルギーと並ぶ物理的自然界の根本構成原理として、客観的存在性つまり実在性を有しており、単なる主観的構成概念ではない。ただし、この思想を理解する際には「情報」という日本語に囚われていてはだめであり、英語の information の真意に遡らなければならない。つまり、information という現象（事象）の存在論的原意に還帰しなければならないのである。そのためには、この語の日常的使用法（日本語の情報も英語の information のどちらも同じ）が喚起する心的（主観的）存在というイメージを形相的還元によって剥ぎ取り、informationの中のformという契機に着目して、その「形相付与」という本来の意味に還帰しなければならない。

これは言うまでもなく、アリストテレス哲学の根本概念たる「形相（eidos）」からinformationの本来的意味、つまりその存在論的意味を捉えることを意味する。そのために我々は「情報」という語のもつ表層的イメージを剥ぎ取る形相的還元に着手しなければならないのである。

2 informationの本来的意味

我々の思考と概念形成は言語によって呪縛ないし制限されている。普通、我々は「情報」という言葉を聞いて、それが「自然界の秩序形成の原理として物理的実在性をもつ」ということを連想することなどない。「情報」は普通、それを受信し、意味看取し、理解する意識的認知者がいて初めて成立する主観的事象として概念把握されている。しかし、それはinformationの派生的意味にすぎない。英語のinformationはラテン語のinformareに由来し、これは「形相付与」を意味する。つまりinformationとはformをもたらすことであり、formは「形」「形態」という一般的意味と哲学上の「形相」という意味を併せもつ。formは単なる形だけではなく、形式や秩序や構造や組成といった概念に敷衍される深い意味をもっているのである。システムの形成原理という側面があるのだ。

このようなformをもたらすこととしてのinformationの心的側面を強調すると、日本語の「情報」の慣用的意味が際立ってきて、本来の存在論的意味を押しのけてしまう。我々は、こうした言語的呪縛を打破しつつ、ぜひinformationの本来的意味たる「形相付与」に還帰しなければならない。もちろん、information とその派生的意味としての「情報」との関連を理解したいなら、「情報構造」という概念に着目すればよい。これには情報に「構造」という語が付加されているが、それによって単なる心的存在を超えた物的存在との関係性が示唆されている。informationはその受信者の理解に依存する一過性の主観的存在にすぎないのではなく、情報の送信と受信と理解という一連の知識関連的存在性を包み込み、その基盤をなしているものなのである。つまり、それは情報を情報として成り立たせる「世界の先行的情報構造」として客観的実在性をもっているのである。逆に言うと、informationは主観的な知識的意味と客観的な構造的存在性の両義性をもつ、ということになる。ただし、主観と客観の対置図式を超越しようとする我々の意図からすると、informationの形相付与と情報構造という根源的意味は、主観性に対する客観性ではなく、その対立を包み超える存在次元にあるものとして理解される。この理解に至るためには、前節で指摘した非知識的情報現象を顧慮するとともに、西洋哲学の永遠のテーマを築いた二つの概念を想起しなければならない。それはプラトンのイデアとアリストテレスのエイドスである。

3　プラトンのイデアとアリストテレスのエイドス

情報の話にプラトンのイデアとアリストテレスのエイドスが登場するのは読者にとって意外中の意外か

と思う。しかし、近年の情報理論においてこのイデアとエイドスは脚光を浴びている。とりわけアリストテレスのエイドスの概念は重宝されている。

プラトンのイデアは普通「理念」という意味で受け取られ、感覚的個物を超えた普遍的な観念的範型として理解されている。それゆえ、プラトンがイデアを知と存在双方の根源的原理として立てるとき、物質に対する精神の優位を主張するものと憶測され、観念実在論の烙印を押されやすい。しかし、それは表層的な見方にすぎない。プラトンのイデアは後にアリストテレスが前面に押し出すエイドスの意味をすでに含んでおり、実は「超主観的形相」を意味していたのである。それは知と存在の双方に形相を付与する作用、つまりinformareの働きをもつことを意味する。この考え方は特に晩年の作品『ティマイオス』において際立っている。この作品は「自然について」という副題が付され、デミウルゴスによる数理的‐幾何学的範型に基づいた宇宙の創造と人体の秩序形成を論じたものである。この物理的世界の秩序と人間の身体の解剖学的‐生理学的秩序はデミウルゴスによるinformareによって形成されたものとプラトンは考えたのである。ここではイデア論のもつ観念論的傾向は諫《いさ》められ、物理的自然との親近性が表れている。プラトンのイデアが知と存在双方の根源的原理であるということは、前節で強調したinformationの本来的意味に直結するのである。つまり、情報が物と心、主観と客観の間であることを理解するためにプラトンのイデアの概念は大変役立つのである。ただし、プラトンが感覚的個物よりは個物を超えた普遍的理念を重視していたことはたしかであり、この点を見過ごすと観念論的なinformation理解に陥ってしまう。

プラトンの反骨的弟子であったアリストテレスは経験主義的であり、感覚的個物を超越した普遍的理念としてのイデアの存在を否定した。その代わりに、彼はイデアのうちに含まれていたエイドス（形相）の意味を極限まで際立たせ、エイドスは個物に内在し、その組成と秩序の原理となる、と考えた。そして、この考え方は彼の四原因説と連携している。

　周知のようにアリストテレスはこの世界を成り立たせる原因として質料因と始動因と形相因と目的因の四つを立てた。彼に先行する唯物論的自然哲学者たちは、ひたすら質料因を求め、プラトンは形相因と目的因を偏愛した。それに対して、アリストテレスはこれらの偏向を諫めて、存在理解のために四つの原因をバランスよく配置したのである。しかし、形相因と目的因の優位は揺るがなかった。ここにはプラトンの影響が残存しているが、経験主義的で自然主義的なアリストテレスは、質料を含んだ物質的個物も重視し、この世界のあらゆる事物は質料（ヒュレー）と形相（エイドス）の結合体であると考えた。その際、形相は物質系に秩序を与え、その発生と存在と生成と変化と消滅を決定する原理として理解された。ちなみに、心（プシュケー）は身体の形相であるとされ、この宇宙の全存在の究極的原理としての神は質料を全く含まない純粋形相であるとされた。神の思想にはあまり関わらない方がよいであろうが、心が身体の形相である、という考え方には現代においても深い意味がある。心は普通、主観的意識を中心的観点にして理解されやすいが、アリストテレスの心観はこれに反しており、心身合一的であり、身体から分離した心という二元論的概念を否定する。

　プシュケーが身体の秩序形成の原理であるということは、それが生命の原理であるということに直結する。彼が今日生きていたら、生命情報をコード化したＤＮＡを生命の形相として理解したであろう。実際、彼は生物学の創始者であったわけだし、父親は医者だったので、人間の身体の生理学的秩序の形成にエイドスが関与することは暗黙裡に理解していたであろう。また、精神を生理学的範疇の外に逃がす必要性など微塵も感じていなかったであろう。

こうしたアリストテレスの思想傾向に鑑みると、彼が立てたエイドスの概念はinformationの本来的意味の理解への手引きとして極めて有効であるように思われる。ただし、「情報」の慣用的意味に根強い知識的‐心的含みまで取り込んでinformationの本来的意味を民衆に理解させるためには、プラトンのイデアの概念も加味する必要がある。だが、観念論的で超自然的方向に逸脱することは避けなければならない。そこで、次に自然自体に備わる秩序形成の機能に着目して、informationの根源的意味についての理解を深めることにしよう。

4　能産的自然の自己組織性とinformationの秩序形成機能

我々は何かが整合的秩序をもっていると、それが人工的なプログラムによるものだと考える傾向がある。高度の知能と計算能力をもった人間が設計しない限り、整合的秩序をもった構造体など造ることはできない、と思ってしまうのである。たしかに人間の知能を駆使した人工的秩序の構築には目を見張るものがあり、テクノロジーの進歩は止むことがない。

それでは、こうした観点から「自然」というものはどのように理解されるであろうか。まず、人工と自然が対置されることが予想される。これはお決まりの対置図式であり、多くの人が自然を人工的なプログラム設定以前の無秩序なものとして理解している。たしかに自動的な秩序形成らしきものはあり、それは美観を伴って我々の感性に訴えかけてくるが、人工的な設計とは異次元のものとして捉えられる。あるいはそれより劣ったものとみなされる。

手つかずの自然の景観はたしかに美しい。かつて、それは創造主の御業によるものと憶測されていた。また、「雷は神の怒りである」というふうに自然界の出来事を擬人化（擬神化）することが古い時代の慣習であった。周知のように雷は自然放電であり、神の御業ではなく、自然が自動的に生み出した物理現象である。それは、その事象が発生する周囲の空間の電位の配置のアンバランスの自動修正を意味する。つまり、自然には特定の物理的状態がバランスの取れた元の状態に戻ろうとする自己修正機能が備わっているのである。気圧の配置と天候の変化も同様である。

このように注意深く自然現象を観察すると、そこには自然自体による能動的な秩序の自己形成があることが分かる。これこそ本書においてこれまで何度も言及されてきた「能産的自然の自己組織性」ということである。創造主の存在が明確に否定された今日、自然を外から操っている超自然的存在者など想定できないのである。というより、「そのようなものは存在しない」と胸を張って言える。その代わりに、能動的で産出的な自然が自ら秩序を形成する機能を有することが判明したのである。百歩譲って、この見解が擬人化の一種だと認めることもできる。言語や概念形成は何と言っても人間的知能の特技なので、自然の本質を表現する際にもそれが影響するからである。「能産的自然の自己組織性」よりもっと適切な表現があるかもしれない。しかし筆者の見るところ、人工と自然は完全に対立ないし矛盾対当の関係にあるのではなく、相互依存的で相互帰依的である。なぜなら、人工の立役者たる人間の脳の知力も、その生みの親は自然だからである。生物進化と生命情報の複雑化という自然の生成活動が人間の高度の知能と言語を生み出したのである。それゆえ、「擬人化である」という見方も裏を返せば自然の自己組織性を証拠づけるものとなるのである。そして、このことに人間がＤＮＡという情報的物質によって形成された生命体である、ということが関与してくる。

自己複製する核酸ＤＮＡ高分子を素子とするヒトのゲノムは、脳においては神経遺伝子の形質発現を営み、それが人間の高度の知能を実現する。さらに、そのようにして生まれた人間の知力が自然の美に感銘し、それを数学や物理学や化学によって構造分析し、その秩序と法則性を解明するのである。前にも述べたように、ＤＮＡは宇宙の誕生以来の物質の分子的進化の賜物である。とするなら、人間の知力一般と自然科学的解析能力は結局、能産的自然の自己組織性の産物ということになるのである。

能産的自然の自己組織性が長い進化の過程を経て人間の脳と知力を生み出し、それが自然の自動的な秩序形成を感知する。その際、言語、記号、数式といったものが重要な道具となる。これらがinformationの解析と把握のために使われるのは誰もが知っている。ただし、これらは一般に人工的なものとして理解され、自然に内在するものとは思われていない。しかし、直前に述べた人間の知力の発生過程を見れば、言語や記号や数式、あるいは自然科学的法則というものは、すべて能産的自然の自己組織性の帰結だということが分かる。ここには「自然の自己組織性」と「人間の情報処理能力」の間に相互依存性と相互帰依性が存することが示されている。換言すると、自然と人工の相互浸透性が見え隠れしている。informationを単なる「情報」として理解せずに、その「形相」的意味合いを看取するなら、自然の自己組織性と人間の情報処理能力は、自然と人工（人為）の分離以前のinformationの秩序形成機能として統合的に捉えることができる。この場合、informationはまさにプラトンのイデアとアリストテレスのエイドスの深い意味を反映するものとなる。黙して語ることがない自然と饒舌すぎる人間の間には大きな懸隔があるように感じるが、言語に偏りすぎたinformation概念は、informationが本来もっている超主観的形相という意味を見失わせる。informationは机の上にだけある文書でもパソコンの中にだけあるファイルでもなく、現実世界の構造を形成する物理的要素でもあるのだ。つまり、二次元的バーチャル・リアリティーに尽きるものではなく、三次元的リアリティーをもっているのである。さらに、これに時間という重要な要素が加わり、informationは時-空を根本枠組みとする四次元的現実性を形成することになる。そして、このinformationの根本構制は自然と人工、あるいは物質と精神の双方に反映することになる。つまり、informationは物心両義性をもっているのである。しかし、現実にはこのことはなかなか理解されず、人工と精神に偏向した「情報」理解が横行している。特に言語と記号という二次元的仮想現実性に偏向した場合、その傾向は極まる。

informationは物質とエネルギーに並ぶ自然界を構成する物理的要素であり、物理学、生命科学、量子情報科学といった分野で今日もてはやされている貴重な概念である。哲学の分野で言うと、認識論や論理学や言語哲学の分野よりは存在論や宇宙論や形而上学といった分野でより重要な意味を発揮するようになってきている。また、心身問題や心脳問題においても重宝されている。我々はこうした情勢を顧慮しつつ、かつプラトンとアリストテレスというレジェンドの真意を今日に活かす姿勢で、情報の存在論的意味を捉えなければならない。それは哲学の神髄に関わることである。

5　情報の存在論的意味

第1章と第2章で強調したように、存在論は哲学の根源であり基幹である。また「存在」という概念は自明のものではなく、ただ概念分析していただけでは理解不能であり、それにまつわる「経験」から次第に炙り出されるべきものである。その経験の契機には「生命」「時間」「空間」「意識」「世界」などがあるが、本章の主題となっている「情報」も極めて重要な存在経験の契機である。特にプラトンのイデアとアリストテレスのエイドスとの関連を顧慮すると、その重要性が際立ってくる。

情報の存在論的意味に気づくためには、まず「情報」という日本語を英語のinformationの原義に遡って理解しなければならない。つまり、informare（形相付与）というラテン語から派生したinformationの原義を斟酌しなければならないのである。informareを実際に行っている身近な例は、我々の体内の全細胞の核内にあるDNAである。鏡に映った自分の顔や身体、まじまじと見た自分の手の指、髪の毛の色、レントゲンやCTやMRIで確認された臓器の状態。これらはすべて整合的な秩序を伴った構造を有しているが、それは創造主が設計したものではなく、DNAという自然物質のうちに含まれる遺伝情報（生命情報）が形質発現したものである。ここに自然物質自体による秩序形成、つまりinformareの働きが端的に表れている。我々の生命も意識もDNAという情報的物質が身体と脳の生理的システムの秩序を自己組織能によって形成したがゆえに生まれたものである。それゆえ、存在の意味を問う人間の思考も脳内の神経細胞の核内にあるDNAを基にして生まれたものとして理解できる。しかし、これは唯物論的見解を表明したものではなく、情報と存在の融合性ないし相互帰依性に気づかせるための発言であることに注意してほしい。

本章では基本的に「情報」とinformationを区別して使用したが、言葉の表層的意味ではなくて、事象の本質を感知する能力があるなら、特に区別なしにも「形相的情報」という深い意味を「情報」という語から看取できるのである。しかし、言語の慣用的意味に呪縛された我々の思考はそれを苦手とする。だから、形相的還元によってinformationの深い意味に還帰しなければならないのである。それは物と心、精神と物質、主観と客観、現象と実在といった周知の対置図式を乗り越えることを同時に意味する。情報（information）は具体的な物質的存在と抽象的な心的存在の中間に存し、両者を媒介して統合体にする特殊な存在論的機能をもっているのである。

情報をもっぱら「事象の知り方」、つまり認識論に関わる概念として理解するのではなく、自然の秩序や物質の構造や物理法則にも関わるもの、つまり「事象の在り方」に直接関与する存在論的概念として理解することが哲学者に要求される。そのために役立つのは、まずはプラトンのイデア論とアリストテレスのエイドス論であり、これについてはすでに説明した。次に参考となるのは、ジェームズの純粋経験の概念とラッセルの中性的一元論とホワイトヘッドの自然有機体説である。これらはすべて物と心、主観と客観の二元論的対置図式を克服することを趣旨としている。また、チャルマーズが心脳問題の舞台で提唱した「情報の二重側面理論」は、「情報」に直接言及したものであり、情報の存在論的意味を考える際に格好の手引きとなる。

なお、チャルマーズはその理論をある物理学者の思想をヒントとして仮説的に提案している。その思想とは It from bit. ということ、つまり「万物は情報からなる」ということである。イオニアの自然哲学に当てはめて言うと、「万物の元（アルケー）は情報だ」ということになる。また、数十年前から物理学の世界では「宇宙自体が巨大なコンピュータであり、その計算機能によって存在を生み出している」という思想が湧き上がってきている。それは「計算する時空」「計算するブラックホール」という奇天烈な主張として我々を困惑させる体のものである。これを単に「擬人化」として笑い飛ばす人はアナクロニズムの常識中毒者にすぎない。そもそも人間だけが思考や計算や情報処理やプログラムの作成をこなしうる、と決めつけることが間違いなのである。それは独断的な主観性の形而上学である。

デカルト以降の心身二元論と機械論的自然観は、我々を主観性の形而上学を基調とした常識中毒者へと堕落させている。前世紀以降の哲学と科学の世界では、こうした傾向の残存も見られるが、先鋭的なグループは心身二元論と機械論的自然観双方の克服をモットーとしている。しかし、人というものはなかなかアナクロニズムから脱することができないし、常識の色眼鏡を外すことができない。我々は、こうしたマーヤーのベールを取り払って、ぜひとも情報の物理的実在性と存在論的意味に気づくべきである。

宇宙自体が巨大なコンピュータであり、その計算能力によって万物の存在を生み出しているという、いささかSFめいた説は、我々哲学者の一部を喜ばせずにはいない。なぜなら、それはアリストテレスの万物の根元説に親近性をもつからである。周知のように彼は、万物の根元を純粋形相としての神とみなし、その本質を「自らを思惟する思惟（ノエシス・ノエセオース）」と定義したからである。ただし、「神」という語を省いた方がよいのは自明である。非神的な「能産的自然」とその「自己組織性」でよいのである。

「ビッグバン以前の宇宙には何があったのか」という議論は尽きないが、一つの答えの可能性として「pure informationがあった」という仮説が成り立つ。これはアリストテレスが言う「純粋形相」にして「不動の動者（自らは動かずして自然界の全存在者の運動を引き起こす者）」である「神」が、やはり万物の根元であった、という説の洗練版ということになる。しかし、繰り返すが、洗練版である限り「神」という老害は必要ないのである。

以上の発言はロマンであり夢想の域を出ないものかもしれない。だが、夢想家は私一人ではなかろう。二一世紀以降、哲学と科学の共進化によって、このような思想が正当化され、もてはやされるようになるかもしれない。人類の科学や文化の歴史を振り返ると、夢想（SF）扱いされていた説が、長い年月を経て真理であることが判明した例が多々ある。そして、もし情報の形而上学が成功を収めたら、哲学は再び万学の女王の座に返り咲くかもしれないのである。全科学を傘下に収めた「超‐哲学」という形で。

主な参考文献

（1）プラトン『国家』（上・下）藤沢令夫訳、岩波文庫、一九八〇年
（2）プラトン『ティマイオス』（『プラトン全集』12、種山恭子訳、岩波書店、一九八七年）
（3）アリストテレス『形而上学』（上・下）出隆訳、岩波文庫、一九八〇年
（4）アリストテレス『心とは何か』桑子敏雄訳、講談社学術文庫、二〇〇五年
（5）D・J・チャルマーズ『意識する心――脳と精神の根本理論を求めて』林一訳、白揚社、二〇〇一年
（6）G・シモンドン『個体化の哲学――形相と情報の概念を手がかりに』藤井千佳世監訳、法政大学出版局、二〇一八年
（7）T・ストウニア『情報物理学の探求』立木孝夫訳、シュプリンガー・フェアラーク東京、一九九二年
（8）T. Stonier, *Information and Meaning : An Evolutionary Perspective*, Springer, New York, 1997
（9）H・C・フォン＝バイヤー『量子が変える情報の宇宙』水谷淳訳、日経BP、二〇〇六年
（10）E・L・ロッシ『精神生物学――心身のコミュニケーションと治癒の新理論』伊藤はるみ訳、日本教文社、一九九九年
（11）E・ヤンツ『自己組織化する宇宙――自然・生命・社会の創発的パラダイム』芹沢高志・内田美恵訳、工作舎、二〇〇一年
（12）S・ロイド『宇宙をプログラムする宇宙』水谷淳訳、早川書房、二〇〇七年
（13）別冊 日経サイエンス149『時空の起源に迫る宇宙論』佐藤勝彦編、日経サイエンス社、二〇〇五年
（14）拙著『脳と精神の哲学――心身問題のアクチュアリティー』萌書房、二〇〇一年
（15）拙著『情報の形而上学――新たな存在の階層の発見』萌書房、二〇〇九年

第8章　哲学と心の科学

はじめに

本章は最初の構想では「哲学と科学」になる予定だったが、後で「哲学と心の科学」に変えた。前者では話が一般的になりすぎると危惧したからである。また心の科学、特に精神医学は筆者が最も得意とする分野であり、内容が煌《きら》びやかになると思ったからである。ちなみに、ここで心の科学というのは、精神医学、心理学、認知科学などの典型的なものを指すと同時に脳科学や心身医学も含む。そして、最も新しい心の科学たる意識科学がそれに加わる。

哲学は古くから心、意識、自我、記憶、認識、感情といった諸々の心的現象を研究してきた。一九世紀から二〇世紀にかけて心理学が哲学から完全に独立するまで、心理学は哲学の一部であった。アリストテレスの『心について（peri psychēs, de anima）』は西洋の学問史上初めて「心」というものを体系的に論じたものであり、今日の心の科学の原型となっている。アリストテレスにおいて特徴的なのは心と生命を密接に関係づけて論じる姿勢である。これはある意味で現代の心の諸科学が見失っている観点であり、我々はその点に注意して現代における哲学と心の科学の理想的関係づけを模索してみたい。その際、生命科学との関係も少し顧慮される。

「心」は各人が日常自分で体験している現象であり、一見特に難しいものとは思えない。しかし、その本質と存在内実を尋ねられると途端に困惑してしまう。主観的で抽象的なので対象化して概念定義しづらいのである。もちろん、長年それを研究してきた者にとっては分かり切ったことなのだが、その体験の主人たる非識者たちにとって「心」は雲をつかむような（近すぎて遠い）現象なのである。それゆえ、彼らは心についての科学的な研究と本質解明をうさん臭いものと感じてしまう。それは彼らが主に自己の体験から心を主観的現象として捉える癖があるからである。そこで、物理学を範とする合理的科学の観点からするなら、雲をつかむような主観的現象たる「心」の科学などありえないと思ってしまうのである。心理学や精神医学に興味をもち、ある程度心の科学の可能性を認める者もいるが、その科学としての信憑性は低く見積もられる。また、哲学における心の諸問題の探究も軽視されやすい。

多くの人は物質的実体性をもったものに対する客観的研究を信頼する。たとえば心理学や心の哲学よりは脳科学の方を信頼する。また、精神医学や心身医学よりは心臓血管外科学や脳神経外科学の方を信頼する。心に関わる学問は基本的にうさん臭いものと思われやすいのである。しかし、それは素人の臆見にすぎない。デカルトの心身二元論は、物理的自然を科学が扱うものと規定し、心は形而上学的にしか捉えられないと断定した。この独断的見解の影響は一般人の間では今日まで残っているが、実際の科学の世界ではその独断的二元論は諫《いさ》められ、心は科学や医学の中で次第に重視されてきている。哲学の世界においても心身二元論は批判の的であり、様々な反二元論の見解が提出されている。

本章では以上の事柄を顧慮して、哲学と心の科学の関係について考察してみたい。しかし、紙幅の都合上全面的な考察を展開することはできない。心の科学に関しては精神医学と意識科学を重視し、他の分野については概略的に扱うことにする。哲学の方は現代英米の心の哲学を中心に据えるが、古代以来の傑出した思想は随時参照される。考察は⑴心とは何か、⑵心についての哲学的考察と科学的研究、⑶哲学と精神医学、⑷哲学と意識科学、という順序で進められる。なお付論として⒜「人生におけるマイレン酸フルボキサミンの有用性」と⒝「笹井芳樹の最後の論文「創発生物学への誘い——神秘のベールに隠された生命らしさに挑む」について」、が加わる。

1 心とは何か

「心とは何か」という問いに答えることは難しい。答えようとして思考を働かせること自体が「心」の作用なのだが、その作用の発動点が主観性を核とする自我なので、客観化ないし対象化を伴う本質規定というものに適合しづらいからである。しかし、ここで逃げてはならない。自分を客観視して自己の在り方を反省し更生できるように、主観的なものは客観化できるのである。心身二元論の主観‐客観対置図式は、このことを頑なに認めないが、それが不毛な不可知論と心の形而上学化へと誤導してきたことを忘れてはならない。また、心身二元論は心と身体を峻別し、別の存在次元にあるものと考える。それは精神と物質の二元対置という存在論的観点を基にしている。

二元論はまた心と身体の間に存し、両者を媒介して統一体にする「生命」という存在論的原理に疎い。心と身体は生命によって統合されているのである。それゆえ、心の本質を知りたいなら、心と生命の深い関係を理解しなければならない。アリストテレスは『心について』において心は身体の形相にして生命の原理であると説いた。その観点は心身二元論に抗うことを基調とし、心の自然化を目指すものであった。実際、我々の日常的感覚に照らしてみても、「心」というものは何か「生きていくこと」と表裏一体のように思える。それは概念把握以前の生きられた感覚である。日本語の慣用に従えば、「こころ」と「いのち」の相即と言った方が分かりやすいであろう。

以上のことは心の本質を理解するための基本として銘記しておくべきことである。生命と身体との関係を離れた心の概念把握は、二元論と独我論と悪しき精神主義に誤導する元凶である。ただし、このような大雑把な把握では心の本質と内実を精密に捉えることはできない。我々は心の機能とシステムの詳細を正確に理解しなければならないのである。

心は一つの組織体であるが、その中核に存するのは意識と自我である。もちろん無意識や無我という概念があるように、心には意識と自我を超えるものも含まれている。また、脳の損傷や精神疾患によって意識と自我が崩壊することもある。しかし、それにもかかわらず意識と自我が心の中核現象であることに変わりはない。これは何気ないが心の本質理解のための基本中の基本である。

意識はそれ自体が謎であるが、我々人間の心理と認知機能を支える一種のフィールドである。我々は自己の意識というフィールドの中で視覚、聴覚、味覚、触覚、体性感覚を味わい、思考を営み、感情を享受し、記憶を働かせ、行動を出力する。およそ心的機能と言われるものは、ほとんどが意識というフィールドの中で発動する。フィールドは現象野と言い換えてもよい。意識は心的質が現象する場なのである。そして、この現象野の扇の要に当たるのが「自我」である。自我は意識の再帰的機能たる自己言及性によって生まれる心理と認知の担い手であり動因である。英語でエージェントと一語で表すこともできる。自我は意識のエージェントであると同時に意識の産物でもある。どういうことかと言うと、脳の発達の過程で意識の機能が熟成し始めると、脳の神経システムの自己参照機能が高まり、「自分が自分の意識の主体である」というメタ意識が芽生え、それが自我というエージェントとして意識会社の社長の椅子に収まるようになるのである。

また自我は人格という心的機能と密接に関係している。人格は人間各人の道徳性と個性（その人らしさ）を表す概念であり、社会的生物としての人間の心の特徴となっている。しかし、人格という現象にこだわると、人間中心主義の「心」概念に誤導されることになる。つまり、動物に心を認めず、精神障碍者や知的障碍者を人として認めない姿勢を生み出してしまうのである。アリストテレスが大昔に指摘したように植物や動物にも心はあるのだ。ただし、植物の心は心の機能のうちで栄養摂取能力しかもたず、動物には言語と思考の能力が欠けている。しかし観点を翻せば、人間の中にも植物的部分と動物的部分があり、それらに基づいて人間の生物的ないし生命的「心」が形成されているのである。「こころ」は「いのち」なのであり、植物状態の患者の生命と人格の尊厳は深く遵守されるべきものであることを忘れてはならない。

また、心の本質を知るためには身体との関係を無視することはできない。心は「生きられる身体」と一体のものであり、身体から切り離された心という観念は妄想以外の何物でもない。心は身体と同一ではないし、身体の生理機能に還元できないが、身体とは別の存在次元にある精神的実体などではない。それは身体に有機統合された脳が世界と相互作用することによって創発する生命的機能なのである。脳科学が急速に進歩した今日、心を脳に還元して悦に入っている軽薄な馬鹿がいるが、世界との相互作用を欠いた脳は、ソフトがインストールされていないパソコンのハードに等しいことを理解しなければならない。心は情報と生命の自己組織化活動から生まれるのであり、その一局面が脳と世界の相互作用なのである。

心は「情報」というものと深く関係している。また「世界」というものとも深く関係している。我々は世界内存在として心の機能を運営するが、世界は情報的に構成された意味のネットワークである。それゆえ、そのネットワークに身体的意識をもって参入する我々の心は、自己の人生と世界の諸々の事象の「意味」を看取することによって、心を育み、生命の大いなる連鎖へと合流していくのである。

限られた紙幅で心の本質を述べ尽くすことなどとうていできないが、以上の叙述で少なくとも「心とは何か」という問いに答えるヒントは獲得できたはずである。

2 心についての哲学的考察と科学的研究

アリストテレスが活躍した古代ギリシアにおいては哲学と科学は一体であった。それゆえ彼が書いた『心について』も今日における哲学的観点と科学的視点が混在し、両者は融合している。しかし、デカルト的心身二元論をバックボーンとする近代科学誕生以降、次第に心に関する哲学的考察と科学的研究は分離するようになり、かつての一体性は失われた。特に自然科学を中心とする経験科学は積極的に「心」を自らの研究分野から排除するようになった。心そのものというよりは心的ないし精神的要素と言った方がよいかもしれない。機械論的自然観と法則定立的姿勢と客観化的態度が経験科学の範型とみなされるようになり、それらに反する精神的要素の混入が嫌われたのである。それに対して、哲学は自らの持ち分を守るために反科学的スタンスを取り、人間的意識や経験の内面性と主観性の領域へと没頭するようなった。そこで、心に関しては経験科学的にではなく、現象学的ないし形而上学的に研究する姿勢が主流となった。しかし、哲学には様々な流派があり、すべての哲学が心に関して反科学的スタンスで臨んだわけではない。イギリス経験論に由来する英米の分析哲学、プラグマティズム、心の哲学といった諸流派は心に関して哲学的観点と科学的視点を融合させる傾向が強く、基本的に自然主義的、経験主義的態度で心の問題を探究した。その中でまず注目すべきなのはウィリアム・ジェームズである。彼は哲学史上ではプラグマティズムの創始者として有名だが、もともとハーバード大学の医学大学院出身の医学者であり、神経系の生理学

↓実験心理学↓哲学というふうに専攻を変えていった特異な人物である。今日の言葉で言えば、脳科学と心理学と哲学をすべてマスターした怪傑ということになる。それゆえ、心についての哲学的考察と科学的研究の関係を考える際に彼から学ぶべき点は非常に多い。

そもそも欧米でも日本でも科学（ないし医学）と哲学の両方をバランスよく習得した学者は非常に少ない。特に日本では極めて少ない。そして、前述のように「心」は近代以降、自然科学の領域から排除されていったので、心の問題に関して哲学と科学の観点の融合を企てる者は絶滅危惧種に近くなった。こうした状況に鑑みると、ジェームズの貴重性がますます際立ってくる。また、現代英米の心の哲学はもともと分析哲学から派生したものだが、分析哲学が科学の子分の立場に徹していたのに対して、心の哲学は科学に直接関わる姿勢で哲学的論考を展開した。つまり、言語分析や概念分析を超えて、科学的態度も兼ね備える姿勢で心の問題を取り扱ったのである。つまり、神経科学や認知科学の経験的データを直接、哲学的議論に取り入れたのである。それゆえ、心の哲学は認知神経哲学と呼ばれることもある。中にはプロの脳科学者を兼務する哲学者すらいた。もちろんジェームズはすでに一〇〇年前にそれを実践していたのだが、長い空白の期間を経て、再び脳科学者兼哲学者という人々が出現したのである。

この傾向を苦々しく思っている保守的な哲学者連も多いが、老害の偏見は無視するに限る。心の本質は哲学と科学が協力してこそ初めて解明できるのである。それでは、心についての哲学的考察と科学的研究はどのように違い、同時にどのような共通点をもっているのであろうか。また、その協力の仕方はどのようなものが望ましく、その融合はどのようになされるべきなのであろうか。これは科学哲学ないし科学方法論の課題であり、実は広い意味での心身問題に関わるものである。

この「心身問題に関わる」という点に注意したい。心身問題は心と身体、精神と物質という一見異次元の存在レベルにあるものの関係を解き明かす哲学の一分野であるが、心の本質解明ついての哲学と科学の関係を問うことは、その延長上にあるのだ。精神と物質の関係も心の解明における哲学と科学の関係も、そのようなものに興味をもてない人にとっては解決不可能な疑似問題にしか思えないであろう。しかし、その軽薄な思考はオウム真理教のようなものに頽落しやすい。科学さえ習得すれば心（精神）については非合理（テキトー）になってもかまわないと思ってしまうのである。我々は、このような軽薄さに陥ることなく、ぜひ哲学と科学のバランスを保ちつつ心の問題に対処しなければならない。

心について合理的に考える、とはどういうことであろうか。数学的物理学を範とする精密な法則定立的態度で客観的に解明することが、それなのであろうか。「合理的」というと、すぐにそのようなことを思い浮かべる人が多いと思うが、それは間違いである。全面的にではないが、基本的（ないし本質的）には間違っている。科学には自然科学や工学以外に社会科学や人文科学もある。これらは広い意味での「学問」として一括されるが、科学というとひたすら自然科学や工学ばかり連想する人が多いので、社会科学や人文科学を無視してはならないことを忠告しておきたい。

ところで、心を扱う科学の代表は何といっても心理学である。しかし、この心理学の科学としての威信はあまり高くない。特に日本では、この学問は理系の合理的科学とみなされておらず、半文系（Ⅳ）半理系の「なんちゃって科学」というイメージが強いのである。そう考える人の脳内には「俺の心がお前に分かるわけがない」というナイーヴな信念がうごめいている。つまり「心は主観的現象であり、客観的科学の対象になるわけがない」というわけである。そして、この信念が悪い方向に極端化するとオウム真理教のようになる。

心についての哲学的考察は、仙人や賢者や聖人が精神的深みについて瞑想的に論じることなどではない。哲学における心の研究は心身問題と密接に関係している。つまり、心を身体との関係において生命論的に考察するのである。これはアリストテレスの『心について』にその原型ないし範型が示されている。また、哲学は実験や観察よりは概念分析を主とするので、心の問題の取り扱い方についての認識論的考察を得意とする。その際、心理学の基礎や脳科学における心の取り扱いの正当性が議論される。また、「経験」という現象に注目して、その経験の可能性の条件を探りつつ、意識の成立や構成を探究するのも哲学の特徴である。その際、「自我」という重要な思考案件が加わる。加わるというよりは、最重要問題として際立ってくる、と言った方が適切であろう。

哲学はまた存在の意味を問う学問である。それゆえ、心の問題も存在論との密接な関係において取り扱われる。「なぜ私はあのときあそこにではなく、今ここに存在しているのだろうか。私はどこから来て、どこへ行くのだろうか」という自己存在の謎めいた意味について問いかけは、結局は「心」あるいは「こころ」の意味への問いかけなのである。そして「こころ」は「いのち」と一体である。この一体性をある人たちは「実存」と言った。実存という言葉を聞くと、引きこもり系の深刻な内面的省察を思い浮かべるかもしれないが、社会における自己の在り方という倫理学的問題にも連なるものであることを忘れてはならない。

以上が心についての哲学的考察の概略である。それでは、心についての科学的研究とはどのようなものであろうか。

心はかつて霊魂とか魂という非物質的実体として理解されてきた。心の科学は、この素朴な理解を破壊して、「心理」という心の機能面に着目する合理的な学問たらんとして生まれたものである。つまり、心の科学は実体としての心ではなく、機能としての心を研究する学問なのである。その代表が心理学であることは言を俟たない。今では誰もが知っている心理学であるが、その個別科学ないし独立学問としての成立は意外と遅く、一九世紀の後半である。ドイツのヴントとアメリカのジェームズが大学に実験心理学の研究室を立ち上げ、それを実現させたのである。

実験心理学は当然、経験科学的なものであり、かつ生理学と密接に関係していた。特にジェームズは医学部出身なので脳と神経系の生理学に詳しく、早くも心理現象を脳の機能と関係づけて論じていた。しかし、ジェームズは後に哲学に転向したことからも分かるように、文系的繊細さも兼ね備えており、自由意志の問題に関連して心の形而上学的理解の必要性も主張していた。そして、特に注目すべきなのは、彼は一〇〇年前にすでに意識の科学を提唱していたことである。彼にとって心の科学とは、脳科学に基礎を置きつつもそれを超える「意識の科学」だったのである。しかし、この驚異的な先見の明は妙な障壁に突き当たって埋もれてしまった。その障壁とは彼の死後台頭してきた行動主義の心理学の主張である。

行動主義の心理学は、「主観的な内面的意識としての心」は本来客観化的であるべき科学の対象たりえないとして、心を外面的に観察可能な「行動」に還元し、それを研究することによって心理学を真の経験科学にしようとしたのである。これは実体としての心の完全な抹消であるとともに、内面的認知現象たる意識の無視である。この行動主義は、その後数十年間猛威を振るい、心理学は行動の科学となってしまった。そして、今でも心理学においてこの傾向は優勢である。これでは心の科学は名折れとなってしまう。しかし、救世主は意外な方向から現れた。それはコンピュータ科学と連携する認知科学の誕生である。

認知科学は行動主義の心理学が無視した「人間の内面的な認知過程」をコンピュータ科学のシミュレーション技術によって経験科学的に研究可能なものであることを実証した。そして、この流れに脳科学による意識の研究の台頭が加わる。脳科学とは神経科学と認知科学を合わせた学問であるが、その両学問の見事な合体によって意識という内面的で神秘的な現象が、合理的科学の研究対象として認められたのである。これは、一回死んだジェームズの意向が復活・再生したことを意味する。心の科学というと心理学ばかり思い浮かべる人がいるが、意識という現象に真っ向から経験科学的に立ち向かおうとしたこの流れこそ、心の科学の名にふさわしいとも言えるのである。

また、心の科学の範疇には医学の一分野も入る。それは精神医学である。細かく言うと、心身医学をそれに付け加えることもできる。とにかく、精神医学は心の科学について考える際、無視できない存在である。

精神医学は臨床医学の一分野であるが、他の身体医学一般と違って患者の心ないし精神というものに関わらざるをえない異端児である。もちろん、どの診療科であっても患者の心を顧慮しなければならないが、精神科では患者の心がまず治療の対象なのである。それでは心理学と変わらないではないか、と思う人も多かろうが、精神医学には脳に関する詳しい知見と身体医学の知識が必須であり、心理学とは別格である。また、精神科医には医師免許が必須であり、単なるカウンセラーと思われては困る。脳の生理学と病理学や薬理学、さらには遺伝子解析の知識といったものが精神医学者には要求される。しかし、それと同時に患者の心の悩みに対処し、患者の人生の意味に配慮することが精神科医には求められる。つまり、精神科医は患者の脳の病理と心の悩み（ないし人生の意味）を併せて診なければならないのである。これには深い意味があり、哲学との関係が問題となるが、それは次の節で詳しく説明することにしよう。

もう一つ心の科学の一分野として忘れてはならないのは精神分析である。精神分析の創始者がフロイトであることは誰もが知っている。しかし、彼が最初、心理学を脳科学にしようとしていたことを知っている人は極めて少ない。その構想に挫折した彼は無意識を根底に据える深層心理学へと移行したのである。ちなみに、彼が医学部出身の医師免許をもつ開業医であったことも忘れてはならない。精神分析を純粋に心理学的なものと誤解している人が多いと思うが、実は臨床医学から派生してきたものなのである。そして、言うまでもなく精神医学の一流派である。ただし、精神分析は精神医学の中では異端視されて傍流となり、むしろ思想界に影響を与え続けてきた。

このように精神医学の異端児である精神分析であるが、その主張の核心にある無意識の理論は無視できない。というより、精神分析が重視する無意識ではなく、そもそも「無意識」というものが心の本質と心の科学にとって極めて重要な意味をもっているのである。逆説的に感じるであろうが、意識の本質を知るためには無意識という現象を徹底的に解明しなければならないのである。最近の脳科学でもこのことははっきりに強調されている。無意識を軽視した意識内在主義の現象学的な心の理解は浅いと言わざるをえない。

以上が心についての科学的研究の概略である。これによって心という現象に対処する哲学と科学の姿勢の違いと共通点の大まかなところが理解できたと思う。しかし、具体例を考察した方がより理解は深まるであろう。そこで、次に精神医学と意識科学を取り上げ、それらと哲学の関係を考察し、それによって読者に具体的イメージを喚起させることにしたい。

3　哲学と精神医学

読者は「哲学と精神医学」と聞いて、何を思うであろうか。どちらも個人の精神的苦悩と人生の意味への問いかけに関わりそうだし、自殺にまつわる暗黒イメージも共有している。人が「哲学と精神医学」という言葉を聞いて、まず思い浮かべるのはそういうことであろう。共通性は両者の心理学的性質に収斂する、と考える人もいそうであるが、それは少しましな思考傾向である。しかし、ここで筆者が論じるのはもっと深い事柄である。考察は基本的に科学基礎論的であり、心身問題的である。心と脳の関係が論考の基点に置かれ、身体医学に比べて方法論的に非常に混乱し未熟な精神医学というものが抱える問題性を科学哲学的に解きほぐすのが、ここでの筆者の趣旨なのである。しかし、心身問題に関連して、人間の精神的苦悩や人生の意味への問いかけも少し話題となる。一般に「科学や医学に哲学など必要ない」と軽薄に断定する人が多いが、あらゆる科学には哲学的方法論が必要であり、特に問題性や矛盾を抱えている分野には哲学的交通整理が大変役に立つ。このことを念頭に置いて、以下の論考を読んでほしい。

精神医学は臨床医学の一分野として、医師免許をもつ精神科医が精神疾患を抱える患者を診察し治療するものである。精神疾患といっても非常に幅が広く種類も多い。また、精神病は疾患と障害の両側面をもち、他の一般的な身体病よりも「病気」ないし「疾患」としての地位が曖昧である。そこで極端な場合、「病気」としてではなく「障害」と見られてしまうのである。どういうことかと言うと、脳腫瘍や膵臓癌や肝炎や複雑粉砕骨折なら物質的原因が明瞭な「病気」として医学的治療の対象となることを簡単に理解でき、その治療が成功したなら「病気」が解消した、と誰もが認める。ところが、先天的な諸々の障害は、合併症を除くと基本的に病気ではなく機能不全ないし器質的欠損とみなされる。精神医学が扱う発達障害や人格障害はまさに病気ではなく障害である。ところが、その他の病気に属す神経症やうつ病や統合失調症も「障害」の範疇で捉えられやすいのである。もちろん、身体医学も障害に関わるが、身体医学の領域においては病気と障害の区別はかなり明瞭である。

障害と違って、疾患には「死後剖検によって確認できる明らかな身体的原因」を頂点とする「物質的原因」があり、検査によってそれが特定しやすく、特有のプロセスを経て病気が進行し、適切な治療をしないと死に至る場合が多い、という特徴がある。逆に言えば、治って解消する希望に満ちているのである。それに対して、障害は一生我慢して付き合わざるをえない悪い意味での生涯の伴侶である。病気のように急に悪化したり、慢性の症状増悪に悩まされたりすることはない。また、病気のように死には直結しない。

もちろん、身体医学も障害に関わる機会が多いが、精神医学の領域のように病気と障害の区別が曖昧ということはない。

精神疾患ないし精神病は極端な場合「甘え」とか「気のせい」とみなされ、医学的治療の対象となるものではなく、本人の心構えの矯正や精神鍛錬によって改善するものと憶測される。また、古い時代には「悪魔憑き」とか「先祖の祟り」という迷信がはびこり、最近まで「親の育て方が悪い」という俗説が飛び交っていた。もっと古い時代には身体病や先天的障害（奇形）も「先祖の祟り」とみなされ、癌や重篤な伝染病に罹ることが社会的恥辱のように思われていた。特に身体の外観が著しく損なわれる伝染病にはそうした烙印が押されやすかった。こうした偏見はすべて、科学的で合理的な原因が分からないがゆえに生じた誤解である。客観的に特定できる物質的原因が不明であったがゆえ、と言い換えてもよい。しかし、それだけではない。精神と物質、心と身体の関係の理解が曖昧なのが問題なのである。

多くの人は精神や心ではなく、物質や身体に関わるものの方に合理性が属すと思ってしまう。前者は主観的で、後者は客観的だからである。しかし、世の中は精神vs物質、主観vs客観という対置図式で綺麗に二分割できるほど単純ではない。世界は、そういう人為的で存在論的に底が浅い思考図式で捉えられないような複雑系なのである。近代以降の心身二元論と機械論的自然観は、この複雑系としての世界の性質とその中で生じる創発的現象を無視してきた。精神疾患に関する臆説や偏見はすべて、心身二元論と素朴な物質還元主義と軽薄な客観化的技術主義の科学観から生まれてきたものである。

多くの人は精神病が脳の病理に還元できれば、それが合理的に理解できたことになる、と考えやすい。

これは半分当たっているが半分間違っている。しかし、その間違いは割合を超えて大変たちが悪く、精神疾患の合理的理解の根幹を腐らせてしまう。一体、精神疾患を「真に合理的に理解する」とは、どういうことなのであろうか。そこには精神医学における心脳問題の必要性が控えており、哲学と精神医学の関係づけの意味が隠されているのである。このことを以下、説明することにしよう。

精神疾患の成因の分類として、少し古くなったが未だに基本的見取り図となっているものがある。それは心因、内因、外因の三分類である。心因性の精神疾患とは、心理的ストレスや人生行路の苦境によって引き起こされるもので、古い言葉で言えばノイローゼがその代表である。大正から昭和の初期にかけて神経衰弱と呼ばれていたあれである。今日的に言うと、諸々の神経症、心因反応的なうつ病、PTSD（心的外傷後ストレス障害）、諸々の不安障害などがそれに当たる。ノイローゼという言葉がかつて精神疾患を象徴するものとして俗用されていたように、心因性こそ精神疾患の原因を代表するものだと思い込まれやすい。そして、ひどい場合には「すべての精神疾患は心因性のもの」と憶測される。これは心身二元論の名残であり、軽薄な理解を余すところなく示している。

ところで、精神病を代表するものとして統合失調症というものがあるが、これは内因性の精神疾患に属している。内因性のものとしては他に単極性と双極性の気分障害（うつ病と躁うつ病）があるが、これらこそ「精神病」ないし「精神疾患」の代表格であることは意外と知られていない。そもそも内因性という概念が分かりにくい。内因性とは、その患者の内部から自然に生じるという意味であり、遺伝子に何らかの欠損があることを示唆している。つまり、心理的ストレスや苦悩が原因ではなく、生得的な体質や遺伝子的欠損に原因があるのだ。脳の機能に内因的障害があることが想定されているが、次に述べる外因性のものと違って、明らかな器質的病変があるわけではない。そこで、統合失調症や躁うつ病も心因性のもと思われやすい。つまり、一般人は内因性と心因性の区別が分からないのである。ただし、外因性という概念は分かりやすいらしい。ここにも心身二元論の悪影響が表れている。つまり「心か脳、精神か物質のどっちかにしてくれ」というわけである。しかし、内因性の精神疾患は、この区別を超えて、心理と生理の両義性をもっている。それが多くの人には分かりにくく、場合によっては専門家をも悩ますものとなっているのである。

ところで、我国において統合失調症（Schizophrenie, schizophrenia）はかつて長い間、精神分裂病と呼ばれていた。「精神分裂病」というおどろおどろしい名称は、精神病の暗黒イメージを象徴するものとして、この病を蛇蝎《だかつ》のように忌み嫌わせる元凶であったが、同時に「先祖の祟り」「家に何か問題があった」という憶測と結びついた遺伝病という軽薄な理解を生み出していた。そして興味深いことに、この憶測は精神主義と結びつき、精神病は精神の歪み、人格（道徳性）の欠陥として捉えられ、身体病のような医学的治療の対象として認められにくいものとなる。これが精神分裂病に代表される内因性精神病の患者を長い間、社会的死に追いやってきた偏見なのである。それは道徳的に劣った偏見というよりは、心身二元論に毒された浅い心脳関係の理解を示すものである。

次に外因性という概念を説明しよう。外因性とは、外部からの物理的ストレスや化学的刺激によって引き起こされる、という意味である。外部とは基本的に患者の身体の外を意味するが、腫瘍や炎症や出血といった内部で起こった病変も含んでいる。そこで、どこの外部かを厳密に言うと、精神機能の物質的基盤たる脳の神経システムの外部ということになる。そして、その範疇には脳を含む体内のすべての部分が入る。たとえば、交通事故その他で脳に強い衝撃を被り、その後遺症として精神障害が発生したとか、種々の薬物に代表される化学物質、細菌、ウイルスなどが脳に侵入して精神障害を生み出したとか、脳自体が腫瘍や梗塞や出血によって組織を破壊され精神障害を生じたとか、が外因性の精神疾患ということになる。これは内因性よりもはるかに分かりやすいし、心因性よりも医学的治療の対象としての「病気」という理解に簡単に結びつく性質をもっている。しかし、ここまでくると精神病よりは一般の身体病の範疇に近くなる。それゆえ、外因性のみに医学的意味を認める態度は、精神疾患という概念の適確な理解の障壁となる。

我々は、このような偏った見方を超えて、ぜひ心因・内因・外因の区別を正確に把握し、精神疾患の本質を理解しなければならない。特に、内因性の概念について心身二元論を超えて理解することが肝要である。ただし、現実の精神疾患はこの三分類によって綺麗に分類されるというよりは、重なった様相を呈することがあり、それにも配慮しなければならない。その意味で、三つの成因分類は基本的見取り図と心得た方がよい。

とにかく「脳か心のどっちかにしてくれ」という軽薄な思考姿勢が、精神病と精神医学の正確な理解を妨害していることはたしかであり、ここに心身問題ないし心脳問題を介した哲学と精神医学の関係と協力の意味が存しているのである。

ところで、前世紀に実存哲学者として活躍したカール・ヤスパースという人がいる。彼はもともと医学部出身の精神医学者であったが、臨床医としては体力不足であり、かつ人間の本質をより深く知るために哲学の必要性を感じて、医学から哲学に転向した人である。それゆえ、彼の思想には哲学と精神医学の関係を理解する貴重なヒントが隠されている。彼本人は経験科学としての精神医学と形而上学としての哲学を区別したがっていたようだが、英米の心の哲学の観点からすると、そのような分別臭い区別よりは両学問の協力の方が有益だと思われる。

たとえば、ヤスパースは精神病の成因の解明と症状の把握と治療のために説明的方法と了解的方法を併用することを勧めた。説明的方法とは精神症状発生の因果関係を法則定立的に捉えるやり方であり、自然科学を模範とする客観主義的なものである。たとえば、海馬にできた腫瘍が記憶障害を引き起こしているとか、ドーパミンの過剰伝達が幻覚・妄想の症状を亢進させているとか、セロトニンの枯渇がうつ病の基盤となっているとか、が精神症状についての説明的方法による見解である。それに対して、了解的方法とは精神症状の心理的発生機序を精神病理学に基づいて理解する方法である。精神病理学とは精神医学の用いる病理心理学であり、人間学的意味合いをもっている。たとえば、特定の他者に対する猜疑心が被害妄想を亢進させ、その結果、幻聴も増悪したとか、老年期にさしかかって余生に不安を感じ、厭世的になり、うつ状態になったとか、最愛の友の葬式で奇妙にはしゃいでしまったのは一種の防衛機制であるとか、が精神症状についての了解的方法による見解である。

要するに、説明的方法は精神病患者の脳の機能的ないし器質的病変と精神症状発生の因果関係を説明するものであり、了解的方法は精神病患者の症状発生を導く、あるいはその背景にある心理を了解（理解）するものである。前者が自然科学的な身体医学の方法を範とするものであることはすぐに分かるであろう。それに対して、後者は身体医学には見られない心理学的ないし人間学的な処置である。そこで、常識的に考えると後者の方が哲学と親近性をもつように思われるであろう。事実、哲学と精神医学の交流は主に了解的方法を特技とする精神分析や現象学的（人間学的）精神病理学の諸流派となされてきた。素人にとっては、人生相談のように思えるカウンセリングこそ精神医学の内実だというイメージが強いので、哲学と精神医学が関係するとすれば、「人間心理の奥深い知識による精神的苦悩の癒し」が両者の接点であろうと憶測してしまうのである。そう理解しても、必ずしも間違いとは言えない。事実、患者の精神的苦悩への共感と傾聴は精神科臨床医にとって極めて重要である。それどころか、それは身体医学においても、たとえば末期がんの緩和医療においても重要な、全人的医療の原点に属すものである。しかし、精神分析や現象学的精神病理学の用いる了解的方法は、誰でもできる一般的な心理理解とは違って、精神疾患に特化した精密な心理学であり、臨床経験に即した精神症状学と密着している。

説明的方法を中核に据えるのは生物学的精神医学という分野であり、これは精神疾患を脳科学的観点から研究し、臨床に応用しようとするものである。それに対して、了解的方法を主とするのは精神病理学であるが、前者と違って脳の病理をあまり重視しない。遺伝子解析などの生物学的方法も無視しやすい。簡単に言うと、前者は理系的で後者は文系的である。医学の中でも文系的要素の強い精神医学であるが、精神病理学ないし了解的方法は特に文系的なのである。それゆえ、これが哲学と協調しやすいというのはよく分かるが、生物学的精神医学に興味をもつ哲学者の一派も存在することを忘れてはならない。英米の心の哲学は心脳問題を中核とするので、脳科学と生物学的精神医学を積極的に議論に取り入れる。パトリシア・チャーチランドという女性の哲学者は、アルツハイマー病の研究者でもあり、脳科学全般に非常に詳しく、生物学的精神医学を議論に取り入れた神経哲学を展開している。他方、精神医学者の側から神経哲学に興味をもち、心脳問題と精神病の病理解明の関係を論じる者もいる。脳科学がスターとなった現代の学問世界では、精神病の理解をめぐって哲学者も精神医学者も脳と精神の関係に関心を収斂させる傾向が強いのである。

哲学は人生論的で人間の精神的苦悩に興味をもちやすい、というのは偏った固定観念にすぎない。哲学は物質や脳に関する議論に積極的に関与するような理系的側面ももっているのである。その代表が科学哲学なのは言うまでもないが、英米の心の哲学は全般的に理系的性質が濃い。それゆえ面白い。具体性があるのだ。

しかし、哲学の真骨頂は文系と理系の両義性と融合性から成り立っているということにある。単に、理系的でもあるから具体性と実用性がある、というだけでは奥深くない。人間存在も世界全般も単純な還元主義では理解不能な複雑系であり、創発的性質に満ちている。アメリカのサンタフェ研究所発の複雑系の科学は、文系的思考も取り入れる柔軟なものであり、その姿勢によって自然科学が複雑系のシステムの創発的現象に興味をもつよう促してきた。新時代の哲学は、こうしたニューサイエンスに歩調を合わせ、システム論的に創発現象を解明していく姿勢を身につけなければならない。それは、心身二元論と機械論的自然観と素朴な物質還元主義の三者を克服しようとする一九世紀末期以降の哲学の動向からすれば当然の理である。

我々は文系と理系という分別臭い区別を超えて人間的生命と精神病の本質を理解すべき地点に立っている。哲学と精神医学の接点と協力の意義はそこにあるのだ。

4　哲学と意識科学

一七世紀から二〇世紀前半まで「意識」は哲学の独占的主題であった。それ以前からその傾向はあったし、それ以後の現代においてもその傾向はまだ残っているが、前掲の期間は、まさに意識は哲学の専売特許であった。しかし、一九世紀の後半に心理学が明確に哲学から独立し始めると、その傾向は緩み始めた。ただし、前述のように心理学が一時、意識の研究を避けていた時期があったので、哲学の優位は一九八〇年頃まで揺るがなかった。というよりも、意識は心理学も含む経験科学の対象としてアカデミズムから認められていなかったのである。一九世紀後半のジェームズとヴントの懸命な主張も短期間で忘れられてしまった。その後、意識は一部の偏屈な科学者によって隠れるように研究され続けてきたが、それは合理的な科学的研究として陽の目を見ることはなかった。自然科学を中心とする経験科学の観点からすると、意識は哲学の現象学的ないし形而上学的方法でしか扱いえない虚構の対象とみなされていたのである。かろうじて発達心理学、社会心理学、人格心理学といった分野で自我の問題と連携する形で意識の問題が扱われていたにすぎない。しかし、これは「意識」の本質に肉薄するようなものではなかった。また、医学における意識障害の研究もあったが、これも意識そのものを主題とするものではなかった。要するに、つい数十年前まで、意識は合理的科学の対象としての地位を与えられていなかったのである。

それでは、意識が合理的学の対象として認められる、とはどういうことであろうか。それは一応、意識が脳の神経活動の相関項として物理的実在性を認められる、ということである。この見解には大変問題があるが、常識的な科学観からすれば妥当なものと多くの人に思われやすい。そもそも「客観化して研究しやすい脳の神経活動」と「雲をつかむような主観的現象たる意識」の関係を明確化することは、方法論的に不可能であると考えられていた。意識は一種の随伴現象のように思われており、まともに相手にする必要のないものと思われていたのである。しかし、我々各人が意識をもち、その現象的内容を体験しまくっていることは事実であり、その現象的内実や発生過程を現象学的に探究することは、哲学者にとってはたやすいことであった。しかし、哲学者たちは脳に疎いので、意識と脳の相関を研究しようとはしなかった。というよりも、意識の主観的な現象的質は、脳の生理的過程とは別の存在領域に属するように思えるので、二元論的傾向をもつ哲学者たちは、意識を脳から切り離して、その本質を探究したのである。その傾向は、科学的素養があり脳に関する知識がけっこうあったベルクソンにおいても見られた。ベルクソンは、記憶は脳に蓄積されるものではない、という見解を中心として意識と脳の二元論的分離を推奨した。しかし、現代の言葉で言えば脳科学者でもあったジェームズは、すでに科学者兼哲学者として意識と脳の相関を研究すべきことを提唱していた。しかし、脳科学に疎い哲学者たちは、哲学独自の意識研究に没頭し、脳は無視し続けた。結局、意識は長い間、科学と哲学の両分野において脳との相関を本質的に研究されることはなかったのである。

この傾向を危惧し、意識と脳の相関に真っ向から立ち向かおうとする科学者が、前世紀の後半に現れた。それはＤＮＡの分子構造の解明でノーベル賞を受賞したフランシス・クリックである。クリックは視覚的情報の脳内処理を基点として意識と脳の相関を解明する糸口を見出そうとし、それによって意識の科学を立ち上げようとした。彼の還元主義的姿勢は深みがないが、従来の禁制を破って大胆に意識科学に着手しようとした着想と勇気は讃えてもよいと思う。

クリックは脳を無視した哲学者の意識研究を馬鹿にしていたが、それ以後、科学的素養のある英米の心の哲学者の中で積極的に意識と脳の関係を論じる者が多数現れ始めた。特に、前述のチャーチランドはクリックの研究仲間でもあったほどのプロの腕前で心脳問題を論じた。これはジェームズ以来の快挙とは言えるが、哲学的にはジェームズの方が深い。チャーチランドは還元主義と唯物論の哲学の立場から、意識の現象的で主観的な質感を消去する形で、意識を脳の神経活動に還元しようとしたが、ジェームズは意識経験自体の存在を重視したままで意識と脳の相関を解明しようとしたのである。そして、彼は自由意志の問題をめぐって意識の形而上学的考察の必要性を説いている。また、彼の有名なテーゼ「意識はモノではなくてプロセスである」は、クリック他ほとんどの脳科学者が重宝する歴史的遺産だが、チャーチランドはこれも消去的還元主義のために利用しようとした。彼女には「創発」の概念が欠けている。これはクリックをはじめとする多くの還元主義的（唯物論的）科学者にも当てはまることである。そして、面白いことに、二元論や精神主義の哲学者にも創発の概念を嫌う者が多いのである。

筆者は長い間、意識と脳の関係の理解のために創発の概念を介入させることの必要性を説いてきた。これはマリオ・ブンゲという科学哲学者の心身問題についての徹底的思索から影響を受けたものであり、この概念への信頼は非常に強い。

「創発（emergence）」とは、もともと進化生物学から出てきた概念であるが、その後、哲学に受け入れられ、さらにその後、順次諸科学に導入されてきた。あまり知られていないが、創発の概念は現代の科学・学問の世界では異端のスターとなっている。物理学や工学などの堅い分野でも重宝されているのである。哲学の分野では何よりも心身問題と心脳問題において重要な役割を果たしている。そして、決定的なのは意識と脳のという一見異種の存在レベルの間の因果的相関を解明するための重要な契機となる、ということである。つまり、精神と物質をつなぐ奇跡の蝶番《ちょうつがい》なのである。

脳と意識、ならびに哲学と意識科学の関係を考える際に創発の概念は極めて貴重である。ただし、このアクの強い概念に反発し疑念を抱く者もいる。そして、面白いことに、あるいは皮肉なことに、この疑念が意識と脳、哲学と意識科学の関係を理解するためのヒントとなるのである。

哲学と意識科学の関係というと、すぐにチャルマーズが提唱した意識のハード・プロブレムが取り上げられ、心脳問題の核心たる主観的意識の現象的質がいかにして生理的物質システムとしての脳から発生しうるのか、ということに注意が促される。それはたしかに重要な観点なのだが、それに考察を限定していると、従来の二元論vs還元主義的唯物論という対置図式から脱出できない不毛な議論に終わってしまう。

筆者が推奨したいのは、「アリストテレスのプシュケー論の原点」と「ジェームズの意識科学の草案」と「現代のニューサイエンスにおける生命の自己組織性理論ならびに創発の概念」を生命論によって統合する観点である。チャルマーズに関して言うと、ハード・プロブレムよりは情報の二重側面理論の方が意識科学の哲学的基盤として有益だと思う。前にも述べたが、意識の創発は生命と情報の自己組織性と深く関係しており、単に脳の生物学的組成や意識の現象学的特質を解明していただけでは意識の本質を捉えることはできないのである。また、脳の生物学と意識の現象学を組み合わせただけでは、意識と脳の関係を十分理解することはできない。

真の意識科学を立ち上げるためには、哲学者が脳科学の核心を理解し、脳科学者が哲学的方法の神髄を捉えた上で、両者が協力することが必要となる。つまり、哲学と脳科学双方の観点が意識の本質という解明対象に対してバランスよく配置されることが要求されるのである。しかも、解明されるべきなのは単に「意識の本質」ではなく、「意識と脳の関係の核心」である。それゆえ、哲学者も科学者も、厳しいことだが、意識と脳のどちらかに偏ってもならならない。この理想を実現しようとした学者は過去に少なからずいたが、十分成功した人はいない。また多くの場合、哲学か脳科学のどちらかの観点を贔屓《ひいき》する視点に陥りやすく、真の協力関係には至らないのが実情である。

脳と意識の関係の本質ないし、その関係の根源的な部分を抉り出すためには、どうしても「生命」の本質を顧慮しなければならない。生命というものが「意識が脳から創発する様式」にどのように関与するのか、を解明しなければならないのである。ここで「生命」と「創発」という二つのキーワードが出てきた。

意識と脳の関係を問う心脳問題の解決は、この二つの概念をいかに適切に応用するかにかかっている。ただ脳の生物学的組成の解明と意識の現象学的本質を組み合わせただけでは、心脳問題は解けないのである。まず、脳の生物学的組成も意識の現象学的本質も「生命と情報の自己組織性」から創発するものである、という観点が必要となる。脳の生物学的組成も生理学的機能も生命と情報の自己組織性の産物だし、意識の現象学的本質もそうである。心理と生理(精神と物質)は、生命と情報の自己組織化活動を同根とする双子の兄弟なのである。ただ、存在現出の位相において両者は異なり、それに対応して説明原理が対極的なものとなってしまうのである。それゆえ、意識の一人称的主観性や現象的質を無視しないで意識と脳の関係を探究する、というだけでは不十分である。そもそも、その方法では永遠の並行論に終始してしまうからである。

脳科学が意識の主観性を無視することなく意識と脳の関係を合理的に解明する、という観点から意識科学が立ち上げられたが、それでは不十分であり、「生命」という意識の根源を存在論的原理として据える態度が要求される。つまり、主観性よりも生命を重視すべきなのである。主観性はしょせん「私」の「いのち」のかけがえなさから生じる二次的なものである。生命の方がより根源的なのである。

意識は生命の本質の顕現である。このことに触れた哲学者は過去に何人かいた。代表的なのはアリストテレスとベルクソンとサールである。このうち、アリストテレスとサールは生物学的自然主義を信条とし、ベルクソンは精神主義的である。有益なのはもちろん前者である。しかし、アリストテレスとサールの思想も不十分である。我々に課せられているのは、生命と情報の自己組織性の一局面としての脳と世界の相互作用の本質を捉え、それによって「意識」がどのようにして「身体に有機統合された脳」から「創発」するかを解明することにある。そのために脳科学の経験的データと哲学の概念分析を適切な協力関係に置き、それを基盤として真の意識科学の確立を目指すのである。

これは科学と哲学の双方にとって有益なことである。一九世紀以降、科学と哲学は分離し、対立する傾向が強くなったが、それでは両者の可能性は狭窄し、収束してしまう。特に、哲学は近年ますます自己の殻に閉じこもる傾向が強い。しかし、この殻を破って意識科学の運動に関与することは、哲学が本来もっていた無限のポテンシャリティーを再び開花させる機運となるのである。この機会を逃すのは損でしかない。保守的な哲学者の意見など無視するに限る。老害は黙っていてほしい。特にデカルト的二元論にしがみついている老害は消え去ってほしい。

意識科学への関与は哲学を超-哲学へと成長させる絶好のチャンスである。意識という哲学の主題が現代科学の究極の問題になったということを、哲学の領域が侵されたというふうに受け取るべきではない。むしろ、科学が哲学的になり、哲学の隠れた可能性が引き出されてきた、というふうに理解すべきである。そして、生命の本質をめぐって哲学と科学が対話することの重要性が、これと並行して理解されなければならない。

人類は新たな局面に立たされている。哲学と科学の関係もその局面の一断面である。古代ギリシアにおいて一体であった哲学と科学は、意識という主題をめぐって再び統合しようとしている。あらゆる科学は昔から、そして今もphilosophyである。philosophyが形骸化したものとしての日本の「哲学」は、早くその廃墟から出て、意識科学に積極的に関与してほしい。それによってphilosophyが本来もっていた無限の可能性が再び開かれるからである。

付論(a)　人生におけるマイレン酸フルボキサミンの有用性

ルボックスという薬がある。ＳＳＲＩ（選択的セロトニン再取り込み阻害薬）として知られる抗うつ薬である。ルボックスというのは商品名であり、成分名はマイレン酸フルボキサミン（あるいはフルボキサミンマイレン酸塩）である。

ルボックスは一九九九年に日本で初めて保険適用の処方が許可されたＳＳＲＩである。欧米ではすでにその十数年前から処方されていたが、日本での適用は遅れた。ルボックスは最初うつ病・うつ状態に保険適用が許可されたが、その数年後に社交不安障害と強迫性障害にもその適用範囲が広がった。社交不安障害（ないし社会不安障害）とは聞きなれない病名だが、我国では古くから対人恐怖症と呼ばれていたもので、それを不安障害の一種として捉え直したのである。

抗うつ薬は一九五〇年代に開発されたもので、モノアミン酸化酵素阻害薬（ＭＡＯＩ）↓三環系抗うつ薬↓四環系抗うつ薬↓ＳＳＲＩと進化してきた。その後さらにＳＮＲＩ（セロトニン・ノルアドレナリン再取り込み阻害薬）とＮａＳＳＡ（ノルアドレナリン作動性・特異的セロトニン作動性抗うつ薬）が加わったが、これらの抗うつ薬のすべては患者の脳内のモノアミン系神経伝達物質たるセロトニンとノルアドレナリンの挙動をコントロールすることを薬理作用の中核としていた。それについてここで詳しく説明することはできないが、ＳＳＲＩはセロトニンに標的を絞って、そのシナプスでの挙動を調節することを目的として開発されたものである。それは脳内の神経回路網の諸々のシナプスにおけるセロトニンの再取り込みを阻害することによって、セロトニンの枯渇を防ぎ、それによって不安や抑うつを軽減する、と想定されている。しかし、セロトニンは脳内だけではなく、腸をはじめとして体内全域に存在している。また、セロトニンの量を選択的に調節するといっても、その調節作用はノルアドレナリンなどの他の神経伝達物質にも少なからず連動的影響を及ぼす。それゆえ、思いがけない副作用や予想外の効能が生じるのである。そもそも、抗うつ薬の薬理作用は十分分かってはおらず、経験則に沿って使われているというのが実情なのである。

たとえば、原因不明の慢性疼痛になぜか抗うつ薬が効くのである。整形外科や神経内科やペインクリニックで匙《さじ》を投げられた数十年来の慢性疼痛の患者が、抗うつ薬でうそのように簡単に治ることがよくある。有名なのは生命科学者の柳澤桂子である。後で紹介する筆者の知人Ｍ氏も抗うつ薬によって疼痛から解放された一人である。

ＳＳＲＩは三環系抗うつ薬よりは抗うつ作用は弱いが、副作用が格段に少ない。そこで、高容量を長期間服用させやすいが、別の問題を複数抱えている。それは、希死念慮や自殺企画、あるいは攻撃性や殺人行動を引き起こすことがある、ということである。また、製薬会社と精神科医との利益供与とそのための過剰宣伝なども批判されている。そして、体質的に合わない患者には消化器系の副作用もある。そこで、ＳＳＲＩは「悪魔の薬」とすら呼ばれることがある。特に、アメリカではルボックスの大量服用者が銃による無差別大量殺人を犯したこともあり（これは統計学的に言って単なる偶然と言うにふさわしいが）、評判が悪い。アメリカではルボックスは数年間、販売中止となった。しかし、日本ではなぜかこの薬がＳＳＲＩとして最初に処方許可となった。その後、好評と不評を交えながら、今日まで頻繁に処方されている。

ここで筆者が主張したいのは、精神疾患における脳と心の関係を考察する際に、ルボックスなどの抗うつ薬がいかなる意味をもつのか、ということである。さらに進んで、抗うつ薬は人生にとってどういう意味をもつのか、ということである。なぜなら、抗うつ薬は自殺抑止と関係し人生と精神の問題と深く関係しているからである。その際、抗うつ薬の疼痛への劇的効果にも着目したい。「痛み」は人間の生命と心身関係にとって極めて重要な意味をもつ現象だからである。

ところで、一九九九年に我国で処方開始されてまだ日も浅い頃に、ルボックスのもつ無限の可能性に気づいていた精神科医がいた。定塚甫という医者である。彼は心身医学にも精通した精神科医であり、何と現存在分析（ハイデガーの現存在分析論をフロイトの精神分析と折衷した人間学的精神医学の方法）に造詣が深く、哲学的素養もあった。その彼が二〇〇〇年に『臨床におけるマイレン酸フルボキサミンの有用性』という本を書いているのである。これは彼が診察・治療した患者の中でルボックス（マイレン酸フルボキサミン）がよく効いた多数の症例を紹介したものであり、その患者の範囲は老若男女に幅広く及び、病状もうつだけではなく不安障害、強迫性障害、心身症など広範囲であった。定塚は、ルボックスが社交不安障害や強迫性障害に適用範囲が広がるはるか前に、それらの症状の改善に役立てていたのである。その症例の記述には彼の人間愛と深い心身関係理解に裏打ちされた人生哲学が垣間見られる。それに感銘した筆者は、彼に倣ってこの付論のタイトルを「人生におけるマイレン酸フルボキサミンの有用性」としたのである。

筆者が主張したいのは、マイレン酸フルボキサミンという化学物質が人生にとって極めて有益だということである。フルボキサミンは人生の救世主であり、精神と物質、心と身体の関係の深みを垣間見させる奇跡の薬なのである。筆者は、この薬に対する悪評とその根拠を認めるのにやぶさかではないが、あえてこの薬をはじめとする抗うつ薬のもつ意外な、そして無限の可能性を称揚したい。それは心身問題・心脳問題と生命哲学にとっても極めて有意義なことである、と確信している。

そのために具体的症例の検討をしてみよう。まず筆者の知人M氏の症例を紹介し、次に柳澤桂子と作家の夏樹静子を取り上げる。

M氏は現在、四七歳の男性であり、職業は予備校講師であるが、著述業を兼務している。彼は既婚で二人の子供がいるが、長年、原因不明の疼痛に悩まされてきた。疼痛は腰部と臀部に強く、たまに頸部に出現することもあった。職業柄、運動不足になりがちで、かつ座業が多いのが、臀部と腰部の疼痛の原因だろう、と彼は思っていた。肩こりと頭痛もそのせいだろう、と思っていた。生活は苦しくはないが、所帯持ちとしては、所得不足は否めない。はっきり言って貧乏の部類である。また、生来うつ病親和的性格の持ち主である彼は、疲労が累積するとすぐに抑うつ的となった。希死念慮が生じることも少なからずあった。また、身体的には頑丈ではなく若干虚弱に見えるが、大きな病気や怪我の経歴はなく、低空飛行で健康を維持しているといった感じであった。これまで罹った病気といえば、三一歳のときの急性肝炎ぐらいである。しかし、彼は長年の間、原因不明の疼痛に悩まされていた。それは三六歳頃に始まり、良くなったり悪くなったりを繰り返し、ずっと続いていた。その痛みは仕事に支障をきたすことは時々あったが、寝込んだり、長期休養をしたり、入院するほどのものではなかった。しかし、四〇歳を過ぎた頃から疼痛の持続期間と強度が増し始め、相変わらず仕事は休まないでいたが、様々な病院や民間治療院を渡り歩くことになった。どこに行っても原因不明とされ治療効果がなかったからである。そのうち、ついに休職を考えるほど症状は悪化してきた。ちなみに、M氏は大学生の頃から社交不安障害（対人恐怖）の症状に悩まされており、軽い強迫性障害もあった。しかし、性格のせいだと思い込み、病気だという自覚はなかった。

巷にはこのような症例はごまんとあり、その闘病記と通院歴がブログや著書に詳しく記述されている。M氏はその一例にすぎない。しかし、これらの症例にはある共通点がある。それは心療内科（ないし精神科）の受診と抗うつ薬の服用という重要なことを実践していなかった、ということである。慢性疼痛の患者の多くは「この痛みは絶対、身体的原因のものであって心因なんか関係ない」という気持ちが強い。これは心因という概念への偏見ないしその誤解に由来することがほとんどだが、それと同時に慢性疼痛の痛みがしつこく、かつ激烈だという理由もある。「こんな強い痛みが心因のはずはない」と思う気持ちは斟酌できる。しかし、そう思い込んでいるうちにも、痛みは増し、身体科に匙を投げられ、絶望して自殺願望は強まる一方となる。そこで、痛みとは別の事情で、しぶしぶ精神科ないし心療内科を受診すると、抗うつ薬と抗不安薬を必ず処方される。そして、それを精神症状改善のためと思って飲むと、あらあら不思議なことに、あの長年苦しんできた疼痛が二、三日でうそのように消えてしまうのである。これを「病は気から」と解釈するのは大間違いである。抗うつ薬にはちゃんとした鎮痛効果があるのだ。「抗うつ薬」

という字面に囚われてはならない。モノアミン（セロトニンとノルアドレナリン）の伝達を調整する薬、ということが味噌なのである。つまり、単なる精神症状改善薬ではなくれっきとした鎮痛薬でもあるのだ。どういうことか説明しよう。

慢性疼痛が心因性のものだ、ということは精神的苦悩や心理的ストレスやうつ状態が疼痛の原因だ、ということには尽きない。その際「心因性」とは「脳の誤作動」を意味するのである。そして、その内実は「痛みの悪循環」であり「脳の勘違いによる痛みの習慣化」である。そもそも「心因性」という概念には誤解が付きまとう。慢性疼痛の患者が整形外科やペインクリニックで「あなたの慢性疼痛は心因性のものと思われるので、心療内科を受診することを勧めます」と言われると、憤慨する。何か自分の精神が弱いとか歪んでいるとか言われたように感じるのである。また、疼痛に対して抗うつ薬を処方されると、「なんで精神科の薬なの。俺はれっきとした身体の病気なはずなのに」と訝《いぶか》しむ。こうした感慨はすべて心因性と心療内科（精神科）と抗うつ薬に対する偏見と誤解に由来するものである。まず、心因性を脳の誤作動（勘違い）と受け取り直し、抗うつ薬という名前にこだわらないで、それを純粋の鎮痛薬と理解することが肝要である。そして、心身二元論的見方を捨てて、身体の病気も精神科が治療することを認めなければならない。

人間の痛覚伝達経路には末梢神経から脊髄を通って脳に向かう「上行性疼痛伝達系」と、脳（中脳）から脊髄後角に向かって降りて行き、その痛覚を抑制する「下行性疼痛抑制系」がある。そして、この下行性疼痛抑制系にはセロトニン経路とノルアドレナリン経路がある。腰痛や下肢痛が慢性化し、器質的病変なしに遷延化するのは、この下行性抑制系の働きが何らかの理由で弱くなり続けるからである。その理由が広い意味での心因であり、分かりやすく言うと脳の誤作動（勘違い）なのである。これによって疼痛は脳によって学習・記憶されてしまい、痛覚の神経系に可塑的変化を起こし、痛みの悪循環が始まり、結果として慢性疼痛が数年から数十年も続くのである。しかし、慢性疼痛に悩む患者は心因性ということを認めないので、整形外科や神経内科やペインクリニックや民間治療院（整体院、鍼灸院など）を渡り歩き、無駄な時間を過ごす。そして、何らかのきっかけで心療内科を受診して抗うつ薬を処方されて、それを素直に飲むと、奇跡のような治癒を体験するのである。そして、溜息交じりに言う。「なんでもっと早く心療内科に来なかったんだろうか」と。

抗うつ薬が脳内のセロトニンとノルアドレナリンの枯渇を防ぐことは前に述べたが、それは同時に下行性疼痛抑制系にも同様の作用をするのである。それによって、不必要な疼痛の増幅と持続が抑え込まれ、脳は痛みの悪しき記憶から解放されるのである。ちなみに今日、整形外科でも抗うつ薬の処方は常識となっている。つまり、うつの症状がない患者にも疼痛抑制の目的で抗うつ薬が処方されるのである。代表的なのはＳＮＲＩのサインバルタ（デュロキセチン）や古い三環系抗うつ薬であるが、患者の体質によってはＳＳＲＩの方が功を奏することがある。定塚の症例集にはマイレン酸フルボキサミンが慢性疼痛に効いた例が多数載っているし、筆者の知人Ｍ氏もフルボキサミンによって救われた。

ところで、先に「心因性」を「脳の誤作動」と置き換えた方が分かりやすい、と述べたが、これは便宜上のことであって、やはり精神的ストレスという定番は無視できない。心因性の要素が強い慢性疼痛の患者の症状には何らかの形で精神的ストレスが関与しているのである。しかも、この精神的ストレスは無意識ないし潜在意識の領域に隠れていることが多く、患者自身が自己の精神的ストレスとして自覚しにくい、厄介な性質をもっている。それも心因性という概念と抗うつ薬への患者の偏見を引き起こす元凶となっている。

さて、M氏が若い頃から社交不安障害と軽い強迫性障害の症状に悩まされていたことはすでに述べた。この症状にマイレン酸フルボキサミンが効くことは常識であるが、案の定、疼痛抑制のためにこの薬を飲んだM氏は数か月後には疼痛とともに、いつのまにか社交不安障害と強迫性障害がなくなっていることに気づいた。実は、服用後、三週間後ぐらいからそれらの症状が軽くなっていることを感じていたのだが、数か月後には消え去ってしまったのである。ちなみに、疼痛は服用開始の三日後には半減し、二週間後にはほぼ消えていた。そして、服用を持続しているので、その後の再発はない。多く場合、ここまでくると、服用を止めても再発はない。脳と脊髄の疼痛抑制系に関与する神経回路に可塑的な変化が起こるからである。後、どうしても付け加えておきたいことがある。それは、やはりM氏の場合もその忌まわしい慢性疼痛には無意識下の精神的ストレスが関与していた、ということである。

M氏に心療内科受診を勧め、抗うつ薬の効果を説明したのは筆者である。彼は非常に喜んで、感謝の意を示した。筆者の臨床神経哲学（臨床的心身哲学）はここでも役立ったのである。その後のM氏が心身ともに好調になったのは言うまでもない。M氏はまさに「人生におけるマイレン酸フルボキサミンの有用性」を体現してくれたのである。

ところで、長年難病に苦しんだ在野の生命科学者・柳澤桂子のことを知っている人は多いと思う。何といっても著書が非常に多いし、テレビ出演も多い。柳澤は慶應大学医学部に助手として勤めていた三一歳のときに原因不明の難病を発症し、その後、あらゆる治療にもかかわらず改善することなく、三〇年以上を闘病に費やすことになった。症状の中核は周期性の嘔吐であり、全身の疼痛と痺れも常に付きまとっていた。あらゆる診療科に匙を投げられ、ついには「あなたの精神が歪んでいるから」「自己中心的性格のせい」と言われるはめになる。絶望しかけていた柳澤に二人の救世主が現れた。一人は金沢大学医学部の佐藤保で、彼女の症状から脳幹の病気としての「周期性嘔吐症候群」であるという適確な診断を下してくれた。これによって初めて治療の手立てが見えた。もう一人は千葉の精神科開業医の大塚明彦である。彼は「うつ病は心の病ではなく、脳の病気である」ということを基本信条とし、「原因不明の慢性疼痛は脳の誤作動としてのうつ病による」ということを強く主張していた。その大塚が、はるばる千葉から柳澤の自宅まで往診してくれ、問診して「あなたの慢性疼痛は脳の代謝異常です」と断言し、アモキサンという抗うつ薬を置いていった。その薬を飲んだ柳澤に奇跡が起こった。三〇年間苦しんだ疼痛から速攻で解放されたのである。さらに、大塚は柳澤にトフラニールという抗うつ薬を追加し、これも功を奏した。これらは古い三環系抗うつ薬であり、副作用は強いが、ノルアドレナリンとセロトニンの調節機能は高く、今でも疼痛抑制ために使われている。柳澤がこれらの薬を処方されたのは、ＳＳＲＩがまだ認可される直前の一九九九年のことであった。その後、大塚はＳＳＲＩのパキシルやＳＮＲＩのトレドミンに処方を変え、柳澤により快適な鎮痛効果を提供した。これらの抗うつ薬は、すべて柳澤の下行性疼痛抑制系に作用したのである。

　ちなみに、柳澤はその長く多様な通院歴の中で精神科も受診しているが、当時の精神科では疼痛に対する抗うつ薬の効能が知られておらず、柳澤は好機に出会えないでいた。また、精神科医のほとんどに「あなたの病気は身体的なものであって、精神科の対象ではありません」と言われる始末。身体科では「あなたの精神の歪み」と言われ、精神科では「身体科に行け」と言われ、途方に暮れていた柳澤を神経内科医の的確な診断と精神科医の抗うつ薬処方が救った。これも人生における抗うつ薬の有用性を示す格好の事例である。

　ちなみに、柳澤は仏教をはじめとした宗教にも興味を示し、生命の科学とともに生命の神秘についても論じているが、自らの慢性疼痛から奇跡のごとく解放してくれた抗うつ薬については、わずか一ページしか書いていない。生命の深い意味には心身関係が関与しているはずなのに、この点は大変な落ち度である。般若心経に深く入れ込むのもけっこうだが、心身問題にも興味を示して、生命科学と人間の生命の神秘の関係を論じてほしかった、と思う。そもそも柳澤の生命論は生命科学の一般的な知識と平板な宗教的－哲学的生命観の並列であり、読んでいてあまり面白くないのだ。もっと、その抗うつ薬体験と難病からの解放を生命論と結びつけて論じてほしかった。

　次の例は作家の夏樹静子である。夏樹はすでに故人だが、生前、原因不明の激しい腰痛に四年間苦しめられ、最終的に心身医学によって救われた人である。彼女の例は、抗うつ薬の有用性の説明のためにではなく、「心因性」の誤解の典型としてここに取り上げることにした。

夏樹は五四歳のときに突如、腰痛を感じ始め、その痛みは日に日に強くなり、いつまでも治らない兆候を示す不気味なものであった。彼女は多くの腰痛患者がそうであるように、多くの整形外科や整体院や鍼灸院を渡り歩いたが、心療内科と精神科に行くことは思いつかなかった。多数の整形外科による多種の検査や治療にもかかわらず、夏樹の症状は少しも緩和されなかった。それどころか、次第に耐えられないほどのものになっていった。それは次のように表現される、激烈なものであった。

毎日毎日、ほとんどの時間、腰の痛みに苛まれている。痛みの質や程度は時によってちがうが、腰全体がまるで活火山になったように熱感を伴ってガンガン痛い時や、骨にヒビでも入るようにみしみし、しんしんと痛む時、あるいは尾骶骨のちょっと上がなんとも頼りない感じでボワッと痛んだり、かと思えばおへソの真後ろくらいの高い位置が、もう身体を支えていられないといわんばかりに怠《だる》痛かったり……。

こうした痛みが緩急を繰り返しながら、約四年間も続いたのである。夏樹は次第に立っていても寝ていても腰がつらくなり、特に椅子に座っているときは痛みが強く出た。そこで、彼女は仕方なくベッドに寝た状態で執筆をした。とにかく標準的な身体医学の検査では、その腰痛は原因不明としか言いようがなかった。整形外科医の一部には早くから彼女の腰痛が心因性のものである可能性が高いことを告知する者もいたが、彼女はそれに耳を貸さなかった。「こんな激烈な痛みが心因性のはずはない」という典型的な思い込みが彼女の意識を支配していたのである。そして「私には精神的ストレスにあたるものなどない。もともと楽天的性格だし」という、これまた典型的な無自覚があった。実は、後で心療内科医が見抜いたように、彼女は無意識下の精神的ストレスを抱えていたのである。それは、多忙な主婦と超人気作家という二足の草鞋の間での潜在意識的葛藤であり、椅子に座ると特に強い腰痛が出現する、というのは、無意識裡に作家を止めて普通の主婦に戻りたい、という願望を抱えていたことの象徴的表現なのである。彼女の闘病記のサブタイトル「椅子がこわい」はまさにそれを意味している。

とにかく夏樹は、自分の慢性疼痛が心因性のものであるということを頑として認めようとせず、身体的治療に執着し続けた。しかし、長年の回復の見込みのない腰痛についに屈服して、最後の望みの綱、心療内科医（心身医学者）の診察を受けた。彼女を診たのは平木英人という心因性の慢性疼痛にかけては本国一と言える医師である。平木は彼女の腰痛がまぎれもなく心因性のものであることをすぐに見抜き、「作家・夏樹静子の葬式を出して、普通の主婦・出光静子に戻りましょう。そして、出光静子として余暇に執筆活動をすればよいのです」というポリシーの下、彼女の治療を開始した。それは心療内科における入院絶食療法という聞きなれないものであるが、古典的な精神分析の無意識（潜在意識）理論と身体症状の関係を基礎観点として、栄養学的な観点も加味しつつ、絶食によって原初的な心の叫びを引き出し、それによって慢性疼痛を治癒に至らしめる、という特異な療法である。それはまた、あの森田療法の観点によって裏打ちされた人間学的性格ももっていた。

最初、入院療法中なかなか効果が現れず、疑いをもっていた夏樹も、次第に効果が現れ始め、ついには完治すると、歓喜の極みで感涙した。「平木先生は指一本も触れず、何の薬も使わずに、私の地獄の腰痛を治して下さった」と彼女は最大限の謝辞を平木医師に送った。それと同時に、心因性ということを長年頑として認めなかった自分の無知と偏見を恥じた。そして、身体医学に執着しただけではなく、呪術やお祓いにすら望みをかけて、それらすべてに裏切られた彼女は、最後に「私は精神の科学によって救われた」と明言している。そう、心身医学と心療内科は科学なのである。潜在意識の心理学と慢性疼痛の病態生理を橋渡しする心身の科学なのである。それを率直に「精神の科学」と言った方が、ストレートに心に響くであろう。

近年、難治性の慢性疼痛に関する心身医学的研究は、脳科学の影響を受けて、前述の下行性疼痛抑制系と脳内の痛覚的情報処理の神経機構の関係、ならびにそれに作用する薬物の選択に焦点を合わせているが、平木医師のような古典的精神療法は今なお重要な意味をもっている。今後、神経科学的観点と古典的精神療法の協力によって、心因性慢性疼痛の成因解明と治療がますます進歩することが期待される。

夏樹の例のように、抗うつ薬が救世主とならない場合もあるが、前述のマイレン酸フルボキサミンの人生における有用性は、夏樹の場合と同様に人間における心身関係の深淵を垣間見させるものであることに変わりはない。精神神経薬理学は、唯物論的なものなどではなく、「魂の救済」を実現させる人間愛に裏打ちされたものなのである。そこには一種の心身哲学があるのだ。

付論(b)　笹井芳樹の最後の論文「創発生物学への誘い――神秘のベールに隠された生命らしさに挑む」について

この付論(b)は(a)のように詳しい内容のものではなく、論文というよりはコラムと言った方がよいような簡略なものである。最初、省こうかとも思ったが、やはり書き残しておくことにした。

二〇一四年八月、再生医学の世界的権威・笹井芳樹が自殺した。研究不正への加担と監督者としての責任を糾弾され続け、精神的ストレスで疲労困憊した末の自殺であった。自殺の数か月前から精神科の治療を受けており、最後の頃は会話に脈絡がなく、呂律《ろれつ》が回らないなどの症状が出ていたことから、うつ状態に対する抗うつ薬と抗不安薬、ならびに睡眠薬の処方・服用が推測される（特に抗不安薬を多量に飲んでいたと思われる）。基礎医学者であるとともに臨床医の資格ももっていた笹井も自らの「うつ」（心因反応性うつ状態）には勝てなかったのである。

その笹井の自殺に筆者は強い衝撃を受けた。そして、改めて彼の経歴や研究内容を調べてみた。そして、彼が再生医学の研究において「創発」と「自己組織化」を非常に重視していたことに興味をもった。さらに、彼が最後に書いた邦語論文が「創発生物学への誘い」であることを知って、驚愕した。「まさかあの人が私の偏愛する創発の概念をここまで重視していたとは」という感慨の波が押し寄せてきた。しかも件の論文のサブタイトルは「神秘のベールに隠された生命らしさに挑む」であった。「創発」という概念はまさに、この神秘のベールを切り裂き、奥に隠された生命の本質を暴き出すための名刀なのである。しかも、それを自己組織性と結びつけている。筆者はさっそく件の論文を読んでみた。

その論文は門外漢にも分かりやすいように、概説的に書かれており、読みやすかった。特に、多細胞社会における秩序の自己形成の原理の解明を近代以降の要素還元主義の科学の方法に対置する基本姿勢は、筆者が心脳問題と生命哲学において取っている創発主義と親近的なものであり、すぐに共感できた。論文の初めの方で述べている「創発」と「自己組織化」についての説明は初心者にも分かりやすいものであり、かつ問題の核心に触れる適切なものであった。問題の核心は発生学における生物の形態形成の絶妙さに関わるものであり、細胞の集合体がゲノム情報からなぜ自動的に立体的な組織や臓器の精密な構造を自己複製的に生み出すのか、ということである。この創発のメカニズムを解明することこそ「神秘のベールに包まれた生命らしさ」を暴き出すことにつながる、というわけである。しかも、笹井はこれをアリストテレスの『形而上学』の一文章に結びつけて、論じていることに筆者は鳥肌が立った。その文章とは次のものである。

もし、全体性が単なる集積のままではなく、むしろ全体がその部分たちとは違ったものであるならば、その場合には、何かの（特別な）原因が存在するのだ。

アリストテレスが生物学の創始者であることには何度も触れたが、エピジェネティクスとともに再生医学の基礎研究にすら今なお影響を与えるとは、天才哲学者の誉れというものである。それはさておき、全体性のシステム特性を要素の総和とは違ったものにする「特別な原因」の探究こそ「生命の神秘」「生命の隠された本質」を解き明かすことなのだ、という点でアリストテレスと笹井は直接結びついている。そもそもヒトゲノム解析計画に代表される要素還元主義の生命科学の方法は行き詰っており、複雑系の科学における創発と自己組織性の概念によって変革されなければならない状況となっている。多細胞社会が実現する組織再生の神秘に奥には、生命システムがもつ創発と自己組織性の働きが控えているのである。たとえば、笹井がアメリカに研究滞在していた際に析出した「神経誘導因子」の分子実体とその作用機序なども、これに関わる重大な発見である。これはＥＳ細胞（胚性幹細胞）から選択的に神経細胞を分化させることを可能化するものであり、脳神経システムの発生学的研究や脳の再生医療へと発展する無限の可能性を秘めていた。これに関する基礎研究によって笹井は将来のノーベル賞候補と目されていたのである。世間では山中伸弥のｉＰＳ細胞（人工多能性幹細胞）の研究ばかりもてはやされているが、筆者は笹井の生命科学・再生医学のもつ哲学的奥深さと広がりの方に魅力を感じる。山中がアインシュタインだとするなら、笹井はハイゼンベルクやホワイトヘッドに相当する。前者は理科系専属の時代の寵児だが、後者は哲学に造詣が深い真にphilosophicalな科学者という感じなのである（ホワイトヘッドは実際に世界最高級のプロの哲学者になったが）。

一〇〇年後にどういう評価に変わっているかは分からない。ただ、技術的な面と実用性では山中が速攻で評価され、笹井の研究の意味はその深さと広がりのもつ無限のポテンシャリティーが後の世代によって生かされていくような性質のものだと言える。笹井の方がじわじわと影響力を増していくことも考えられる。そして、何と言っても笹井の方が哲学的に深い。筆者が構想する将来の超‐哲学（superphilosophy）は、創発と自己組織性の概念を駆使して生命の神秘を探る生命科学と相性がよいのだ。

笹井の最後の論文は医学雑誌『実験医学』に六回に渡って連載されたものであり、総分量も多くはないが、その細部を論じるほど筆者に生命科学の知識はない。ただ彼の「神秘のベールに隠された生命らしさに挑む」という姿勢は生命哲学、さらには存在論にとって極めて意味が深い、という感慨は強く残った。筆者自身は論文の大まかなところは理解しているが、それを読者に解説するには力不足である。そこで、今回はコラム的記事で済ませたのである。今後もっと勉強して、笹井の意向を生命哲学や心脳問題の場で生かしていくことを構想している。

主な参考文献

（1）アリストテレス『心とは何か』桑子敏雄訳、講談社学術文庫、二〇〇五年
（2）W・ジェームズ『心理学』（上・下）今田寛訳、岩波文庫、二〇〇一年
（3）H・ベルクソン『物質と記憶』田島節夫訳、白水社、二〇〇〇年
（4）P・M・チャーチランド『認知哲学――脳科学から心の哲学へ』信原幸弘・宮島昭二訳、産業図書、一九九七年
（5）P. S. Churchland, *Neurophilosophy : Toward a Unified Science of Mind/Brain*, MIT Press, 1986

(6) G. Northoff, *Philosophy of the Brain : The Brain Problem*, John Benjamins Publishing, Philadelphia, 2004

(7) J. R. Searle, *Consciousness and Language*, Cambridge University Press, 2002

(8) 拙著『脳と精神の哲学――心身問題のアクチュアリティー』萌書房、二〇〇一年

(9) 拙著『心の哲学への誘い』萌書房、二〇〇七年

(10) 拙著『意識の神経哲学』萌書房、二〇〇四年

(11) E・S・ヴァレンスタイン『精神疾患は脳の病気か――向精神薬の科学と虚構』功刀浩監訳、みすず書房、二〇〇八年

(12) 定塚甫編『臨床におけるマイレン酸フルボキサミンの有用性』メディカルレビュー社、二〇〇一年

(13) 夏樹静子『腰痛放浪記――椅子がこわい』新潮文庫、二〇一六年

(14) 柳澤桂子『いのちの日記――神の前に、神とともに、神なしに生きる』小学館、二〇〇五年

(15) 『実験医学』Vol. 31 No. 13, No. 16, No. 19, Vol. 32 No. 3, No.6, No. 13、羊土社、二〇一三年〜二〇一四年

第9章　新たな哲学の創発

はじめに

これまでの八つの章では「哲学の目的と方法」から論じ始めて、その後の章で哲学の根本問題に当たるものをいくつかピックアップして論じた。その際、そのつど二一世紀に向けての新たな哲学の創発に結びつくように論述を構成した。

筆者は一〇〇年後ぐらいを想定して、革新的な哲学の登場を期待しているのである。それは従来の哲学という学問の常識的理解から大きくはみ出すもの、それをはるかに超えるものとしての「超‐哲学」の誕生となる。しかし、これは哲学の大いなる伝統を全く逸脱したものなどではない。むしろ、その原初の原初、根源の根源に還帰するものなのである。

way-out but classicという言葉がある。前衛的で常識外れのように見えて、実は伝統に深く根差している、という意味である。本書にはプラトンとアリストテレスという西洋哲学のレジェンド中のレジェンドがたびたび登場した。特にアリストテレスは頻出した。二二世紀に登場が期待される新たな哲学は、この二人のレジェンド（とりわけ後者）の根本的意図を新時代のニーズに合わせて、再生させることを意味する。しかし、それは単なる再解釈ではなく、「探究への原動力は問題そのものと事象そのものから発してこなければならない」というポリシーに裏打ちされたレジェンドとの共思考であり、それをも超えた自前の思考への発展である。つまり、西洋哲学のレジェンドたちの思想を参考にしながら、哲学が真に問題とすべき事柄を発見し、従来の固定観念的な哲学像を打ち破る革新的な哲学、つまり超‐哲学を構築することなのである。それは、個々の思想家の思考を背後から共通して突き動かしてきた「思考の根源」としての「哲学の神」の意図に従う、ということになる。

「哲学の神」とは、もちろんメタファーであり、宗教的意味合いは全くない。ハイデガーなら「存在の声」と言うであろう。我々は存在の声に呼びかけられて、存在の深い意味を問うことへと突き動かされるのである。筆者にとって、それはinformationの誘導であり、「生命の大いなる連鎖」と「自然の大生命」からの呼びかけということになる。それについては、これまでの章で何度も触れた。「哲学の神」の意図に従うということは、要するに「哲学の神髄」に触れるということであり、結局は「事象そのものへ」ということなのである。そして、事象そのものとは、たとえば本書の各章で取り上げた諸問題である。

ニーチェはかつて「超人」というものの登場を期待した。しかし、それはあまりに非合理主義的な夢想であった。進化論の合理的思考法に従うならば、ホモ・サピエンスから進化した新たなホモ種が生まれる、ということになるが、ニーチェの言う「超人」はそのようなことを意味していない。それは、キリスト教の奴隷道徳を超えた黄金の髪をなびかす豪傑が地上の支配者として君臨するであろう、という俗な思想にすぎないのである。筆者はニーチェと違って、隣人愛と社会福祉と弱者の救済を重視する。また、地球環境の保全への配慮を人間の利己主義の超克と結びつける「トランスパーソナル・エコロジー」の観点を非常に重視する。その意味で、筆者の思想は平凡なものでもある。

平凡でけっこう。しかし、平凡と革新的ということは両立する。世の中にはセンセーショナルだが見掛け倒しの過激な思想があるが、それは真に革新的なものなどではない。新たな超‐哲学の創発は、way-out but classicという様相の反転版、つまり平凡でありつつ革新的という様相を呈する。「平凡」とは実は伝統に深く根差すということなのである。しかし、それはレジェンドたちの思想の表層を超えて、思考の根源としての哲学の神の呼びかけに応じるものである。

二一世紀における新哲学の登場を予想するにあたって、我々は当然、そのときの人類と世界の状態も予想しなければならない。人類が社会的にも自然的にも困難に直面し、将来存続が危ぶまれる可能性があることは、夙《つと》に指摘されてきた。ホモ・サピエンスはいつか必ず絶滅するのである。それよりも、人類が傲慢になって地球環境を破壊し続けると、地球上の生物全部が滅亡することになる。核戦争がその代表である。科学技術のへの信頼もけっこうだが、存在論や自然哲学やトランスパーソナル・エコロジーの観点なくしては、科学は暴走するのみであろう。かつて、万学の祖にして哲学者兼科学者であったアリストテレスは、すべての学問（ないし科学）を第一哲学としての存在論によって統制しようとした。今日、個別科学の専門化と複雑化は著しく、とても哲学的統制などできない状態になっているが、向上心のある科学者と哲学者が協力すれば、いくばくかの可能性は開けてくるはずである。そのこと期して、以下、新たな哲学の創発について論じることとしよう。

1 「新たな哲学の創発」と言う場合の「創発」とは何を意味するのか

創発とは予期せぬ事態が起きることである。それゆえ、新たな哲学の創発とは、全く想像できなかった奇天烈な哲学が突如現れる、ということである。しかし、理論と著作（論文と著書）が中心である、という形態は変わらないであろう。科学における実験の要素が加わるかもしれないし、コンピュータによるシミュレーション技術が加味されるかもしれない。フィールドワークの範囲も広がるであろう。現在、順天堂医院（順天堂大学付属病院）に「がん哲学外来」というものがあるが、精神腫瘍学と連携した臨床哲学がもっと実践的になる可能性はある。その際、哲学者と精神科医とがん専門医の連携が強化されるであろう。その他の分野でも古代ギリシアの哲学誕生期において顕著だった哲学と科学の一体性が再び蘇ることが期待される。心身問題と心脳問題、そして生命哲学の分野でそれはまず起こるであろう。しかし、生命倫理学の発展は期待できない。なぜなら、この学問はもともと医学と医療と生命科学の下女の立場に徹しているからである。生命科学との融合が期待できるのは、あくまで科学哲学的で存在論的な生命哲学の方である。とにかく、新たな哲学の創発において大事なのは、科学との融合の方向性である。しかし、哲学が従来もっていた理論形成重視の姿勢は維持され、やはり論文と著書の作成が中心となることに変わりはないであろう。ただし、本文中でも指摘したように、従来の思想解釈的、文献学的方法は廃れ、主体的でザッハリッヒで体系的な理論構築が中心となるであろう。主体的な自己理論の構築者は一級哲学士、文献解釈的な人は二級哲学士と呼ばれるようになるかもしれない。古代ギリシアの哲学界に即して言えば、前者は愛知者、後者はソフィストとなる。以上に述べた予想は特に奇天烈なものではなく、今でも理想として語られることである。しかし、そう言われる割には、日本の哲学界は旧態依然である。その意味では、こうした平凡な革新が起こることですら「創発」の名に当たるのだが、もっと予想もできない、本当に奇天烈な変革が起こる可能性もある。それについて現在、明確なイメージを描くことはできない。哲学者たちの百姓一揆か科学者たちの暴力革命によって一気に情勢が変わり、真に「創発」の名に当たる変革が起こることも否定できない。

ところで、「創発」とは予期せぬ事態が突発する、ということには尽きない。それは進化、発展という前方向へのベクトルによって駆動される「生成的出来事」でもあるのだ。それは「時間の矢によって駆動される自然の大生命の躍動的前進」と表現することができる体のものである。哲学と科学、あるいは人間のなす知的活動は総じて、この自然の大生命の躍動的前進の一部なのであって、すべて人間の意志によって駆動されている、と思い込むのは主観的（人間中心主義的）妄想である。人間の脳のなす知的活動は自然ないし宇宙の巨大な時間の流れに掉《さお》さしたものであり、未知の完成態（エンテレケイア）に向かって自動的（自己組織化的）に前進、変化、発展して行くのである。それはまさに「見えない時間の矢によって駆動されている」と表現されるべきことである。西洋の学問界において哲学史と科学史は最初融合していたが、近代以降、分離した。前世紀の前半までその傾向が強かったが、それ以後、再び融合の兆しを見せている。今後この融合が強まり、予期せぬ事態に発展し、進化した哲学が登場することは十分ありうる。その進化は深化でもあるのだ。

また、「創発」の概念において重要なもう一つの契機は、システム全体がもつ特性は、そのシステムを構成する要素の総和を超えた次元にある、ということである。つまり、部分の性質の線形的加算からは全体のシステム特性を導き出すことはできないのである。単純頭の人は、これが理解できない。還元主義の科学者や二元論の哲学者もこの意味を理解するのが苦手である。そこから精神と物質、心と身体、文系と理系、哲学と科学といった二元対置が彼らの思考を占領するようになる。「新たな哲学の創発」ということを理解したいなら、まずこうした動脈硬化的思考停止ないし固定観念を解体し、思考を柔軟なものにしなければならない。特にデカルト哲学に魂を売り渡した老害は早く消え去るべきである。

とにかく、全体は部分の総和を超えているのだから、要素還元主義や分別臭い二元論は捨て去って、哲学と科学を融合的協力関係に置き、人類の危機を打破する方向に突き進まなければならない。それがemergency（緊急事態、突発事故）に対処する創発主義的思考というものである。

「創発」という概念は、もともと進化生物学に由来すると言われるが、笹井の論文にも引用されていたようにアリストテレスの思想にその萌芽がすでに現れている。今日の創発理論においてアリストテレスの形相因と目的因の見直しがなされているのは当然のことなのである。とすれば、創発の概念の本当の起源はアリストテレスの哲学にあったことになる。今日、創発の概念は科学、哲学、経営、芸術、デザインなどの色々な分野で重要視され、各分野の前進と発展と活性化に寄与している。このことすら知らないで、古臭い二元論や還元主義に固執している人が知識人から無学な一般人まで幅広くいる。多くの大学生も、高校までの理科教育に災いされて創発の概念に拒絶反応を示す。高校までの理科その他の教科書には創発に関する叙述は一切ないからである。そうした教育を受けた彼らの頭は固い。

新たな哲学の創発は、大学の一般教育（リベラルアーツ）の内容を一層充実させることに寄与するはずである。哲学はもともと教養そのものなのであり、文系と理系を融合する融通性をもっているのである。教養のない資格試験マニアや偏差値崇拝者や専門馬鹿や技術至上主義者や守銭奴は、新たな哲学の創発によって駆逐されなければならない。それが結局は将来起こると危惧される人類の危機に対処することにつながるからである。

「創発」の概念に興味がもてない者は、現在目の前に起こっていることに心を奪われ、自分が直接見たり聞いたりしたものしか信ぜず、思考が動脈硬化したようになっている。新たな哲学の創発は彼らの思考の腐敗を駆除するであろう。

2　人類の未来における危機的状況

地球温暖化による異常気象、核戦争開始の予兆、少子高齢化による労働力と生産力の低下、ならびに経済の低迷、原発事故に象徴される科学技術の落とし穴……等々、将来における人類の衰退ないし滅亡を予感させる事象は、前世紀の後半から急激に増加している。そもそも現生人類（ホモ・サピエンス・サピエンス）が、この地球に登場してから、まだ二〇万年しか経っていない。前にも述べたが、この二〇万年という時間は、人類が類人猿から分化した七〇〇万年前、さらにはこの地球に生命が誕生した三八億年前から換算すると一日二四時間の最後の数秒～数分でしかない。しかも、諸々の科学技術と人口増加によって地球環境を破壊し始めたのは、産業革命が起こった二〇〇年前であり、その傾向が急加速し始めたのは数十年前である。しかし、人工と自然、ないし人為と自然の対立がこれほど際立ってきたのは異常な事態である。古代ギリシアにおける西洋文明の黎明期、すでに人工と自然を対置する傾向は生じていたが、近代以降その傾向が加速してきたのである。それは自然との共存という大切なことを忘れ、自然を科学技術と政治力によって支配しようとする人類の欲望と傲慢さの表れであり、その背後はデカルト的心身二元論が控えていた。この心身二元論は、人間における心と身体の分離から世界全体における自然と精神、精神と物質の二元対置へと拡張された。そこで、事実と価値も別次元のものとして理解されるようになり、科学技術と環境倫理は一七世紀から二〇世紀の中盤まで分離したままとなり、前者の優位が主張されていた。二〇世紀の後半になってようやく環境倫理は科学技術と対等に議論できるようになったのである。しかし時すでに遅く、科学技術の暴走による地球環境の破壊は取り返しのつかないものとなっていた。これは科学の危機をもっぱら科学で凌ごうとし、自然の脅威にも科学のみで対処しようとしたことのつけである。科学の代表である自然科学は、たしかに自然を理解するための最高の手段の一つであるが、哲学から離れ、もっぱらテクノロジー（工学、技術）と結託すると、足元をすくわれるのである。我々人類は何ら特別な存在ではなく、地球上の生物の一集合にすぎない。我々人類は他の生物と同様に自然によって生かされて生きているのである。この自然の恩恵を忘れ、好奇心と欲望が赴くままに自然科学とテクノロジーを野放図に発展させ続けたことの後遺症が今痛烈となっている。

筆者は科学、特に自然科学を基本的に尊敬するが、自然科学で自然そのもの、自然本体、ピュシス（根源的自然）を捉え切れることなどないと思う。人間や生命の本質に関してもそうである。自然や人間や生命というものはすべて複雑系であり、要素還元主義によってこれまで発展してきた技術主義的科学の理解の網の目をすり抜けてしまうのである。前世紀の後半から興隆してきた複雑系の科学やシステム論は、従来の科学がもっていた要素還元主義や唯物論的傾向に警告を発し、その代わりに複雑系のシステムにおける創発的振る舞いや自己組織性といったものの重要性を主張してきた。これにトランスパーソナル・エコロジーの観点を加味する一派もいる。エコロジー（生態学）の重要性は近年ますます声高に主張されるようになってきたが、これがトランスパーソナルということと結合すると、より効果を発揮する。個人の主観性や自己中心性、つまりエゴイズムを超えて、人格と意識を雄大なものにしようとする姿勢は、集団レベルでの人間の行動と思考と意識にも適用される。人類は自然との共存を真剣に考えなければならない危機的状況に置かれているのだが、現実に技術社会を動かしているのは一部の科学者と政治家と官僚であり、まず彼らの集団レベルでの意識が変革される必要があるのだ。そのためには彼らが環境倫理と科学哲学と自然哲学をシリアスに受け取って、それらを科学技術政策に反映させなければならない。他方、哲学者の方も自分の専門に閉じこもることなく、科学や技術と積極的に対話しなければならない。
幸い、以上に述べたことは近年、科学者と哲学者双方の意識に行き渡り始めており、積極的な議論がなされている。しかし、その規模はまだまだ小さく、多くの学者は科学か哲学のどちらかに閉じこもっているのが現状である。

人間は基本的に楽天的だと思う。だから、将来ないし未来に訪れる人類の滅亡ということに関しても現実的なことととして深刻に受け取る人は少ない。若くて健康で病気と無縁な人にありがちな意識が、我々人間にはある。そこで、死は「さしあたってまだまだ先」という気持ちが強く、楽天的に消費と欲望達成を繰り返す。そのつけは老後に訪れることが多いが、突然やってくることもある。しかし、はるか先に思える老後や非常にまれで自分とは無縁に思える死ないし危機の現実感は希薄である。メメント・モリ（死を忘れるな）と言っても無駄である。

人間の死亡率は一〇〇パーセントである。つまり、いつか必ず死ぬのである。では、人類の滅亡率はどうであろうか。個々の人間の死亡率が一〇〇パーセントであるにもかかわらず、全体としての人類がずっと存続し、これからも永遠にそうであるように思えるのは、生命の仕組み、つまり「生命の大いなる連鎖」の力による。しかし、この生命の大いなる連鎖は、実は個々の生物種の絶滅によって維持されているのである。とすれば、人類全体もいつか必ず滅亡するであろう。少なくともゴキブリのように数億年存続することはない。

我々人類は地球ないし大自然の一員として、生命の大いなる連鎖と自然の大生命を維持する義務がある。

そのためには単にいつか滅亡することを自覚するだけではなく、できるだけ自分たちによる自然環境の破壊に歯止めをかける努力をしなければならない。つまり、生態系に対する迷惑を最小限にとどめる努力をしなければならないのである。そのためには、やはり哲学の神髄を学ばなければならない。つまり、かつて万学の女王であった哲学を諸科学のシステム論的統治者として復活させる「超‐哲学」の理念を習得しなければならないのである。

3 「超‐哲学」はどのような意味で「超」なのか

アリストテレスの主著のタイトルは『形而上学』であり、英語ではMetaphysicsとなる。このタイトルは実はアリストテレス本人ではなく後の編纂者が付けたものである。自然学（physics）の後編（meta）という意味でMeta-physicsと名付けられたのである。アリストテレス本人は「第一哲学」というタイトルを望んでいたらしい。第一哲学（the first philosophy）とは、この自然界ないし宇宙の根本的第一原因を探究する存在論的考察のことである。要するに、形而上学とは超‐自然学ないし超‐物理学なのである。しかし、この場合の「超」は「超越的」ということよりは「続」という意味合いが強い。つまり、超‐自然学は続‐自然学ないし続‐物理学なのである。これは、自然科学の全成果を集約し、それを存在論的根本原理の探究に収斂させる姿勢を意味している。

筆者が提唱する「超‐哲学」もこれに相似のニュアンスをもっている。つまり、「超‐哲学」という場合の「超」は従来の哲学の革新版としての続編性を意味するのである。しかし、それだけではない。「超越する」という「超」の普通の意味も併せもっているのである。

ところで、一般的に物理学は感覚的に知覚ないし観察可能な対象を取り扱っている、と思い込まれているが、これは誤解である。物理学は古代から数学と結びついて抽象的な対象にも関わってきた。理念的な対象と言ってもよい。ハイゼンベルクが、デモクリトスの原子論的唯物論を退けて、プラトンとアリストテレスの存在論を物理学的見地から高く評価するのは、極めて意味深い。同様な見方をホワイトヘッドも取っているが、彼は数学的物理学から哲学に転向した人であり、かつイギリス経験論を内側から破って形而上学を大胆に構築した稀有の経歴をもっている。その思想体系は有機体の哲学と呼ばれ、宇宙全体を有機体（生物ではない生命体）として捉え、自然の大生命の躍動的前進を説くものであった。自然科学は「技術に応用される方向」と「自然界の根本原理を哲学的に深く考察する方向」の二側面をもっている。後者が形而上学ないし自然の存在論と親近性をもつのは言うまでもない。ちなみに、後者の方向性が極まると、物理学ないし自然科学が超えられて形而上学になる。しかし、その際、自然が超自然的世界に向けて超越されるのではなく、自然の内奥の最内奥へと下向きに超越されるのである。

普通、「超越」と言うともっぱら上向きのものが想定されるが、下向きの、根源（根っ子）へと遡る方向性の超越もあるのだ。根源ないし基盤へと舞い降りる方向性と言ってもよい。筆者の言う「超-哲学」も下向きの超越という性格をもっている。これは、近代以降の哲学が人間的主観性と意識の内面性へと偏向してきたことに対するアンチ・テーゼである。「君自身にではなく自然に還れ」という筆者のスローガンは、物質的自然界に背を向けて精神的内面性に逃避する哲学を超越しようとする意図を表している。しかし、それは物質的自然vs精神的内面性というお決まりの対置図式から理解されるべきものではない。物質的自然を根源的自然に向けて超越することによって、同時に反自然的意識主義をも「能産的自然の自己組織性と相即する自我理解」に向けて超越するのである。

筆者の提唱する「超-哲学」はまたアメリカのサンタフェ研究所発の複雑系の科学と相性がよい。複雑系の科学は自己組織性と創発の概念を中核に据えるが、筆者の意識哲学と生命哲学と自然哲学もそうである。複雑系の科学の中心人物の中には哲学好きの人が多い。スチュワート・カウフマンや蔵本由紀などは、その代表である。要素還元主義を批判して、世界の複雑性をひたすら強調し、人間の最終的問いを「なぜ無ではなくて何かが存在するのか」というものに絞る複雑系の科学は、哲学と相性がよいのだ。もちろん、実証的な研究に関わる科学と概念分析中心の哲学が完全にマッチすることはないが、共通する部分は大きい。少なくとも技術万能主義の還元主義的科学vs観念論的な思弁哲学ほどの水と油の関係にはない。脳科学と意識科学の分野でもそうだが、システム論と複雑系の科学においても哲学者と科学者の交流・協力が見られる。その際、哲学者は科学を勉強し、科学者も哲学を勉強する、という大変好ましい傾向が現れる。このような素朴な交流関係ですら「超-哲学」という場合の「超」ということを示唆するのである。

とにかく、未来に到来する人類の危機と現在の哲学の不毛さを危惧して、概念遊びに終始する既存の哲学は超越されなければならない。そして、その超越は経験と根源的自然という肥沃な大地への下向きの方向性をもっているのである。

4　脳科学と生命科学と超‐哲学

「意識と生命」「心と身体」というのは哲学の根本問題の一つである。それについては前の方の章でも触れたが、ここでは哲学と科学の協力関係の構築に期待をかけて、意識科学と結びついた脳科学、ならびに生命科学と来るべき超‐哲学の関係を論じることにする。

そもそも、この宇宙に意識と生命が誕生したというのは驚異的出来事である。先行する物質の分子的進化から生命の原基としての自己複製する核酸、つまりRNAとDNAという高分子が創発し、そこから細胞によって構成される生物が誕生し、それが複雑化的進化を繰り返し、ついに意識を生み出すような脳をもった生物を創発せしめたのである。その生物の頂点に立つのが自己意識をもつ現生人類である。この過程は哲学的にも科学的にも極めて興味深い。そして、意識を生み出す脳と生命の神秘の関係の究極を解明するためには哲学と科学の協力が必要となる。科学的な因果関係の解明と経験的データの蓄積が、哲学における心脳問題と生命哲学と存在論によって深い次元にある「本質」へと深められなければならないのである。そうしたことに携わる哲学は従来の在り方を抜け出して、超‐哲学へと変貌・進化するであろう。哲学を生み出した現生人類の理知は、超‐哲学を生み出す叡知《えいち》へと深化するのである。

心の科学ないし認知神経哲学の一派がすでにそれをやっているじゃないか、という意見が出そうだが、まだまだ本格的ではない。まず注目すべきなのがデネットの思想であることに異論はない。しかし、彼の思想には存在論的深みがない。意識を生み出す脳のシステムは、生命の神秘と深い次元で通底しており、その通底性を存在論的に解明してこそ、意識と脳と生命の本質が顕わとなるのである。そして、その解明に携わるのが科学の理知を存在論的叡知へと深化させる超‐哲学なのである。

意識ないし心と脳の関係は古代以来、様々な仕方で論じられ、研究されてきた。生命の本質に関してもそうである。意識と心に関しては長い間、哲学と心理学が研究の主役であったが、前世紀の後半から脳科学が参与し始め、その後、意識科学の運動が始まったことはすでに指摘した。ここで初めて意識と脳の関係に関する脳科学と哲学の本格的対話が始まり、両学問の協力関係が樹立した。しかし、両学問はもともとphilosophyとして一体だったのである。それゆえ、これから創発する超‐哲学は、この原点に立ち返って意識と脳の関係の究明における哲学と科学の統一を模索しなければならない。そして、ここに生命の本質への問いが加わってくる。つまり、意識と脳の関係は、生命の本質ないし神秘との三位一体構造において、その本質が究められるのである。

現行の脳科学と生命科学は個別に研究を進めており、接点はわずかなものにすぎない。システム論は早くから両学問の統合を主張してきたが、個別科学の専門化が進みすぎた現状においては、その統合は難しい。他方、哲学では古くから意識と生命ないし心と生命の関係が論じられてきた。生理的メカニズムや物質的因果関係の解明に特化した科学と本質の解明に専念する哲学では、議論の構築と学説の形成の仕方に質的差異があり、容易に統一化できない。そもそも、自然科学が解明しようとするのは意識や生命の本質ではなく、その物質的基盤であり、その上に成り立つ生理学的機能である。さらに、そこから意識や生命の現象的性質が創発する、というふうに自然科学ではみなされる。それは上向きの因果関係の解明であり、還元主義の観点を表している。それに対して、物質的基盤を重視しない哲学の一派では、意識や生命の現象的相貌から、その本質が析出される。物質的基盤を重視する唯物論的な哲学もあり、還元主義の科学に迎合する。求められるのはバランスの取れた見方である。システム論的観点から「創発」の概念を洗練させて意識と生命の本質を解明する、というのが理想だが、なかなかうまくいかない。そこで、多くの科学者と哲学者は対話を避け、自己の領域に閉じこもり、従来の方法に固執するのである。

脳科学と生命科学の技術的側面はそれでよいと思うが、両者が意識と生命の存在論的本質を究めるためには哲学的観点が必須となる。しかし、従来の哲学にその力はない。そこで、超-哲学の誕生が期待されるのである。幸い、アリストテレス、ジェームズ、ホワイトヘッド、チャルマーズ、マリオ・ブンゲなど、その手本とみなされる先哲は多数いる。彼らの姿勢を脳科学と生命科学の現状と照合しつつ、自分の頭で考えて超-哲学を創案することが期待される。その誕生は二二世紀にもち越されるかもしれないが、人類の叡知を進化（深化）させることは間違いないであろう。

5　information と宇宙論と超-哲学

第7章で説明したように「情報」はその意味を存在論的に捉えると、プラトンのイデアとアリストテレスのエイドスとの類縁性が見えてきて、単にメッセージや知識と関連する心的概念ではないことが分かる。

それは人間の意識の中にのみある観念ではなく、物理的自然界の根本的構成要素なのであり、秩序やシステムの形成原理として機能するのである。そして、このような意味合いを表すには日本語の「情報」は不適格であり、英語のinformationをそのまま使った方がよいのである。英語のinformationはラテン語のinformare（形相付与）から派生したものであり、formつまりアリストテレスの形相（エイドス）と深く関係しているからである。さらに、informationは知と存在の根本原理としてプラトンのイデアとも深く関係している。

プラトンは晩年の作品『ティマイオス』において、デミウルゴスが永遠の範型に照らしてこの時空的宇宙を創造したことを論じている。ここからinformationと宇宙論の関係が見て取れるが、『ティマイオス』の思想は二〇世紀の二人の偉大な形而上学者に受け継がれ、新たな宇宙論として再び花開いた。その二人とはアレクサンダーとホワイトヘッドである。前者の『時間・空間・神性』と後者の『過程と実在』は近代以降、最高の哲学的宇宙論とみなされる逸品である。特に前者の『時間・空間・神性』は、時間と空間ないし両者が融合した時-空が実在の根本形式である、というテーゼを基にして、宇宙全体が神性を目指して進化する一種の有機体であることを論じている点で興味深い。その際、「神性（deity）」とは創造主ないし人格神ではなく、秩序の完成態を意味する。つまり、神が世界（宇宙）を創ったのではなく、時-空が世界（宇宙）を創ったのであり、乱雑な状態から次第に秩序を形成し始め、その秩序を荘厳な完成態目指して自己組織化的に進化せしめる、と言うのである。そして、この「荘厳な完成態」が「神性」と呼ばれるのである。

アレクサンダーはこの宇宙進化論の思想にinformationの概念を直接参入させていない。しかし、我国の生理学者・品川嘉也は「情報構造」という概念を駆使して、informationと宇宙論の関係を大胆に論じた。彼はもともと京大医学部出身の生理学者であったが、同大学の物理学者・湯川秀樹の薫陶を受け、心身問題と物理的世界の基礎と宇宙論にも強い関心をもっていた。しかも、彼は哲学的資質を備えていた。湯川は「心と物質の中間に情報を措定することによって心身問題が解決するのではないか」という構想を抱いていたが、これを品川は継承・発展させて心身問題に情報構造という概念を導入し、さらにそれを宇宙論と関連づけて、精神と物質の科学哲学を開陳した。それは、具体的には意識と脳の関係を進化論との関係で宇宙論的視野において論じる、という壮大なものであった。その際、宇宙と地球と生命の共進化が論じられ、そこで「情報構造」という概念が中心的役割を果たすのである。彼は『意識と脳』において次のように述べている。

「すべての構造は情報によって作られる」という観点から、宇宙の進化と生物の進化を一体のものとして理解することができ、人間の意識とそれを担う脳もその進化の一環として理解することができる。

それでは、その情報はどのようにして生じたものであろうか。その根源は宇宙の膨張にある。宇宙の膨張それ自体は、宇宙のエントロピーを増大させるのであるが、そのことが原因となって宇宙に情報が作られるのである。

品川は形相という概念に言及していないが、無秩序さの度合いを示すエントロピーの増大の裏側に存する情報という観点は、品川の言う「情報構造」が筆者の言うinformationと同質のものであることを示している。品川の観点は、情報を単なる心的構成概念と見ないで、物質とエネルギーに並ぶ物理的自然界の三大構成要素とみなすトム・ストウニアの思想と類縁性をもつ。

そもそも、この宇宙を構成する物質はなぜ分子的進化を繰り返して生命の原基を創発せしめ、生物に神経系と脳という情報処理機関を付与し、それらの進化から心と意識を創発せしめたのであろうか。物質とエネルギーという物理要素だけでそれを説明することはとうていできない。informationという第三の要素をぜひ付け加えなければならないのである。物質とエネルギーという概念だけでは生命と心を自然科学的に説明することはできない。informationという概念を加味してこそ、物質と精神を包括する自然界の根本的存在原理を解明できるのである。この際、精神と物質は二元論的観点では捉えられておらず、両者を統合する中間的で中性的な要素へと食い入る視点から理解されている。そして、この中性的要素こそinformationなのである。

このようなinformationの概念は現代の他の哲学者によっても着目されている。たとえば、チャルマーズは心脳問題の舞台で「情報の二重側面理論」というものを提唱し、informationはその外面的相貌において物理的性質を示し、内面的相貌において意識の現象的質を示す、と主張した。そして、精神と物質の二元性は見かけのものであり、究極的には中性的根源としてのinformationに統合される、と考えた。また、ジルベール・シモンドンはアリストテレスの形相概念を情報概念と結びつけ、個体化の存在論的原理を探求した。その際、彼は物理学や生物学の様々な事例を参照した。筆者がこれまで調べた範囲では、シモンドンが最もアリストテレスの形相を情報と深く結びつけて論じており、筆者の意識の片隅にあった「自分は牽強付会ではなかろうか」という心配を拭い去ってくれた。やはり、どう考えても、「情報」の深い意味は、アリストテレスのエイドスの概念との関連でinformationとして存在論的に再把握されるべきものとしか思えない。今後その誕生が期待される超-哲学は、このinformationを中核に据える宇宙論と存在論を展開するものとなるであろう。そして同時に意識科学の完成と心脳問題の解決に寄与するものとなるであろう。

6　筆者の内部における新たな哲学の創発

筆者は二〇一二年に上梓した『創発する意識の自然学』の帯に「自然の大生命の躍動的前進に根差した意識の根源学の構築」というマニフェストを掲げた。「意識の根源学」とは何であろうか。これまで意識を論じた哲学者は有り余るほどいる。心理学者も意識を論じるし、最近は脳科学者もしゃしゃり出てくる。そして、ついに意識科学の運動なるものが始まった。こうした流れの中で筆者があえて「意識の根源学」を主張する背景にはどういう意図があるのか。それこそ新たな哲学の創発を狙ってのことである。

ドイツ語で意識のことをBewußtseinと言う。直訳すると「自覚態-存在」となる。意識と存在は密接に関係しているのである。あるいは、意識の根源には存在が控えているのである。そして、存在は根本的に時空によって構成されている。それが意識と経験の形式にも反映し、時空の感覚を生み出す。「意識の根源学」は意識と存在の表裏一体関係を時空の根本性質に照らして根源的に解明するのである。それは、現代脳科学の成果を取り入れつつも、単に意識と脳の関係を解明するのではなく、生命の本質へと食い入る眼差しを堅持して、意識の創発的本質を存在論的に究明しようとするのである。

筆者は二〇一六年に上梓した『存在と時空』の帯に「存在の根源は生命の大いなる連鎖の時空構造にある」というテーゼを掲げた。我々が生きていく中で自己の存在の意味を問うとき、自己の生と死→生命そのものの意味→宇宙の始まりと終わり→存在の根源というふうに思考が深まっていく。これは特に哲学的思索力が強い人に見られる傾向だが、誰もが明確に概念化することなく漠然とこれに類すること考えるものなのである。そのとき「存在の根源」と「生命の大いなる連鎖」の深い関連性が意識の中に仄かに現れてくる。我々の意識はもともと「存在の根源」ならびに「生命の神秘」と深層次元で結びついており、これがときおり表層に顕現してくるのである。その際、時空感覚が励起媒体となる。筆者の『存在と時空』は、存在と生命と意識と時空の四者一体構造を創発主義の観点から論じた体系的存在論の書なのである。それはハイデガーの時間論とメルロ゠ポンティの空間論から影響を受けつつも、筆者独自の存在論的観点から遂行された思索の結晶である。この存在論的思索は言うまでもなく、前述の「意識の根源学」と深く結びついている。あるいは、その補足である。

筆者は二〇〇九年に上梓した『情報の形而上学——新たな存在の階層の発見』の帯に「心も物も、すべては〈情報〉から出来ている」というテーゼを掲げた。この括弧つきの〈情報〉は本書においてinformationと表記されたものに他ならない。情報を心と物、精神と物質の分離以前の原初的な中性的実在として捉え、それをあらゆる存在の根源とみなす思想は、ある意味で常識破りのものである。「そんな馬鹿な」という感慨が多く人の頭を占拠するであろうが、そこが狙いなのである。このアイデアの形成には本章の前節までに挙げた数人の学者の思想が寄与している。それについては繰り返す必要はないであろうが、筆者の思考の要には常にアリストテレスの思想がこびりついていた。それは彼が万物の根元を純粋形相としての神とみなしたことである。そして、すべての存在者が形相と質料の統合体であり、形相のもつ秩序とシステムの形成機能によって存在者の本質が形成されている（存在者が存在せしめられている）、という彼の思想は筆者の思索を常に先導した。これにプラトンのイデアのもつ「知と存在双方の根本原理」という意味を加味し、今日「情報（information）」と呼ばれるものが、実は存在論的機能をもつことを力説したのが『情報の形而上学』なのである。この本のサブタイトル「新たな存在の階層の発見」は、この存在論的意図を示唆するものである。

インターネット上である読者が「『情報の形而上学──新たな存在の階層の発見』というタイトルに魅かれて、この本を買ってしまった」という書き込みをしていたが、この格好いいタイトルは、多くの人が意識の底に暗に秘めている存在論的感情をくすぐるものなのであろう。今後、情報の形而上学とinformationのphysicsが進歩・発展して、本当にinformationが万物の根元であることが分かる日が来ることを筆者は熱望している。それは最終結論として、ビッグバン以前の宇宙にはpure informationがあった、ということになり、純粋形相が万物の始原であるというアリストテレスの思想がやはり正しかったことが証明されることになる。もちろん、その思想はかなりの洗練を要し、大幅に修正されるかもしれないが、基本的方向性において不滅の輝きをもっていたことが改めて認識されるであろう。

ところで、筆者は『情報の形而上学』のあとがきで、自分が小学生の頃から万物の始原に興味をもち、人生の無常観と存在の根源的時間性に当たるものに興味をもっていたことを告白している。それは筆者の存在意識の早熟性と哲学的関心の純粋さを表すものであり、後に熟成する自前の哲学体系の構築への一途な情熱を予見させるものである。極真空手の創始者・大山倍達をモデルにした『空手バカ一代』という漫画があったが、筆者の生涯はまさに「哲学バカ一代」である。その意味で、情報の形而上学は単に筆者の理想、いや夢想かもしれない。しかし「敵に勝つより己に克て」である。筆者は自分を信じて哲学の修行に励むのみである。

以上に挙げた三つの著書が自分の言葉で書いた自前の体系的哲学書である。それぞれの趣旨は以上に簡略述べた通りであるが、今後、この三作を統合して一つの体系的哲学書にまとめるとするなら、「意識の根源学」というものを中核に据えた方がスムーズにいくと思う。「意識の根源学」を目標にして、思想を整理して体系化する、と言ってもよい。いずれにしても、それが「筆者の内部における新たな哲学の創発」ということになるのである。

筆者自身は『創発する意識の自然学』がこれまでの自著の中で最高傑作だと思っている。やはり「意識」の方が「存在」や「情報」よりも扱いやすいし、思想の広がりと一般人の関心への適合性という点でも優れている。そこで「意識の根源学」という理念を横綱（先導役）として、存在論と情報の形而上学を太刀持ちに従えるのである。その際、時空論はすべての思想局面を通底することになる。意識も存在も情報も時空によって構成されている。時空こそ物心両面に広がる実在の根本構成要素なのである。

子供の頃から「なぜ存在するものは存在し、無ではないのか」「ただ一切は過ぎ去って行き、幸福も不幸も相対的なものである」という想念に取りつかれていた筆者は、必然的に哲学の道に入り、長い修業期間を経て、ついに自前の体系的哲学書を書き始めた。これが一〇年前のことであるが、今後は可能ならば、最後の力を振り絞って前掲の三作を統合する巨大な体系を構築しようと思っている。それも下手の横好き、哲学バカ一代の自己満足かもしれないが、とにかくやれるところまでやろうと思う。

なお、以上に加えて「創発」の概念について述べておかなければならない。「創発」については本書ですでに詳しく論じたが、ここではそれのもつ「創造性」の含意について触れておきたい。

「新たな哲学の創発」あるいは「新たな思想の創案」というものは、それを実現しようとする者の「創造性」に依拠する。創造性は言うまでもなく独創性と関係する。しかし「独創を阻むもの」は至る所に潜んでいる。因習、慣例、世間体、保守的意識、間違いを恐れる優等生志向、夢想と馬鹿にされることに対する危惧、訳知り顔した分別臭い現実主義……等々。哲学の分野において、これが哲学文献学や思想解釈学への逃避となって表れることは、すでに詳しく説明した。特に哲学後進国の日本においてはこの傾向が強いこともすでに述べた。問題は哲学における「独創性」というものをあまりに神格化し、そのハードルをあまりに高い位置に設定する心性にある。「独創性」などというものは大した代物ではないのである。そもそも個人の頭脳の内部のみから生まれる思想などというものはない。我々の言葉と思考は、すべて他人のものの模倣を原点とし、自己の意識と思索と学習（ないし研究）と生活の履歴に即して、それらの組み合わせが変化し、自己独特の思想傾向が出来上がるだけなのである。「独創的」ということは純粋内発的とか天性のものということを意味しない。それは事象そのもの、問題そのものに食い入る一途さ、粘り強さ、純粋さから生まれてくるものなのである。このことが分からないで、若い頃から保守的となり、自己流の体系構築を諦めて、哲学文献学と思想解釈学に逃避する人が我国ではあまりに多い。

ところで、最近ドイツのマルクス・ガブリエルという哲学者がもてはやされているとのことで、その著書を読んでみたが、はっきり言って不毛性を感じた。これならチャルマーズやデネットなど英米の心の哲学の方がはるかに優れている、と思った。その後入手したジルベール・シモンドンの『個体化の哲学——形相と情報の概念を手がかりに』は少し前の世代のものだが、ガブリエルの著書よりはるかに刺激的であった。

筆者が推したいのはすべて科学と積極的に対話する哲学思想である。科学は万能ではないが、philosophy の息子の中では最も積極性と生産性と発展性がある。我々はオヤジ臭さを捨てて、息子（年下の者）と協力して真理を探求してもよいのではなかろうか。もちろん、科学技術が人間の欲望と結託して人類と地球環境を危機に陥らせる可能性はある。しかし、それをも顧慮して、科学と協力しつつ実在と知の根源を探究する哲学姿勢は重要である。そして、その態度を貫いて新たな哲学を創発せしめることは、哲学の喫緊にして究極の課題だと思われるのである。

主な参考文献

（1）W・フォックス『トランスパーソナル・エコロジー——環境主義を超えて』星川淳訳、平凡社、一九九四年
（2）A・N・ホワイトヘッド『科学と近代世界』上田泰治・村上至孝訳、松籟社、一九八七年
（3）M・M・ワールドロップ『複雑系——科学革命の震源地・サンタフェ研究所の天才たち』田中三彦・遠山峻征訳、新潮文庫、二〇〇〇年
（4）D・C・デネット『解明される意識』山口泰司訳、青土社、一九九八年
（5）D・C・デネット『ダーウィンの危険な思想——生命の意味と進化』山口泰司監訳、青土社、二〇〇二年
（6）D・J・チャルマーズ『意識する心——脳と精神の根本理論を求めて』林一訳、白揚社、二〇〇一年
（7）M・ブンゲ『精神の本性について——科学と哲学の接点』黒崎宏・米澤克夫訳、産業図書、一九八二年
（8）G. Northoff, *Philosophy of the Brain : The Brain Problem*, John Benjamins Publishing, Philadelphia, 2004
（9）S. Alexander, *Space, Time and Deity*, Vol. 1,2, Macmillan, London, 1920
（10）G・シモンドン『個体化の哲学——形相と情報の概念を手がかりに』藤井千佳世監訳、法政大学出版局、二〇一八年
（11）品川嘉也『意識と脳——精神と物質の科学哲学』紀伊國屋書店、一九九〇年
（12）拙著『意識の神経哲学』萌書房、二〇〇四年
（13）拙著『情報の形而上学——新たな存在の階層の発見』萌書房、二〇〇九年
（14）拙著『創発する意識の自然学』萌書房、二〇一二年
（15）拙著『存在と時空』萌書房、二〇一六年

あとがきに代えて——心境小説「北上尾にて」

北上尾駅の近くの踏切で高崎線の列車に跳飛ばされた。すぐに隣の駅前の上尾中央総合病院に救急車で搬送された。頚髄と腰髄を打撲によって激しく損傷しており、医師から上半身と下半身に麻痺が残り、一生車いす生活になるだろう、と言われた。絶望的気分になりながら、高層階の入院病棟の窓から遠くを眺めていた。冬晴れの午前だったので、遠くには富士山の雄大な姿がはっきりと見えた。富士はあんなにどっしり構えているのに、自分はなんと矮小なのだろうか、とその格差に意識が震えた。

と、そのとき何かけたたましい音がした。目覚まし時計の音だった。

事故にあって救急車で搬送されたのは夢だったのである。しかし、目覚めた瞬間、頭がガンガンして、喉元と鼻に独特の不快感がある。風邪だ。風邪が悪夢を引き起こしていたのだ。

起き上がろうとすると、めまいがしてよろけた。明らかに高熱の時の不快感がある。とても起きていられない。ということで、そのまま布団に戻って昼まで寝ていた。

昼過ぎに起きたが、気持ちが悪くて少ししか食べられない。しかし、何か食べて水分と栄養を補給しないと少しも回復しない。そこで無理して食べる。食べた後は再び布団に戻る。もう眠気はないので、天井をぼんやり眺めていた。こういうときは気が滅入っているかというと、そうでもない。この部屋は日当たりが良いので、ブラインドからの午後の日差しが心地よい明るさを醸し出している。煌《きら》びやかな明るさではない。さりとて、薄日が差し込んでくる、という感じとも違う。何か、ほんわりとした光の薄い綿に包まれているような、心地よさである。

そのとき思い出した。大学院生の頃の飲み友達が「薄日が差し込んでくるような淡い希望、ささやかな幸福感」を偏愛していたことを。彼は眠狂四郎が好きで、ニヒルを気取っていたので、そういう感覚を好んでいたのであろう。そのことが、なぜか思い出された。しかし、ブラインド越しの淡い光に包まれている今の自分の気分は、それとは違う。これは幸福と不幸の彼岸にある、あの感情だ。ムンクが太陽壁画で表現した自然との和解の感情だ。

そういう想念に取りつかれて、午後三時過ぎまで天井を眺めて寝ていたら、さすがに回復してきたので、起き上がって、買い物がてら散歩に出かけた。自宅の近くには小さな川が流れており、その岸に沿って散歩道がある。三月の午後はすこぶる暖かく、風邪による不快感が残る中、川縁を歩いていると、ふわふわするような心地よさがある。こういうときは自然に対して無抵抗主義になる。放下（Gelassenheit）の心境である。

しかし、意識ははっきりしている。もともと私は神経過敏で過覚醒の傾向がある。それで、歩きながら自分の意識の流れに注意が集中してきた。健康なときと風邪で不快なときの意識の違いのことを少し考えた。と、そのとき早朝見た夢が突如、意識に蘇ってきた。それは風邪による不快感など問題にならない不幸な事態である。上半身・下半身麻痺になった自分のことを思うと、ぞっとした。その忌々しい感情はふりはらおうとしても頭にこびりついて離れない。こういうときは時間が重くなって意識の流れが滞留する。気が重いのは、要するに時間が重いのだ。

陰鬱な気分と風邪による体調不良が続いたまま次の日の朝を迎えた。一度、自然と和解し至福を感じたかに思えたが、時間の重みに押しつぶされて、意識は暗く滞留していた。そして、周囲の空間は私を圧迫する。昨日と違って、今日はどんよりと曇っているのだ。

この忌々しい気分はいつまで続くのだろうか。目の前に抗うつ薬と抗不安薬のストックがある。また、パブロンゴールドという風邪薬もある。とりあえず、レキソタンとパブロンを飲んだら気分が落ち着いた。熱も下がってきた。食欲も出てきた。

そうこうするうちに数日で風邪は完治した。

後で、一体あのとき感じた時間の重みと空間の圧迫感は何だったのだろうか、と考えた。自分は意識と存在の本質を研究する哲学者じゃないか。それなのに、どうしてそれが分からないのだ、という想念が湧き上がってきた。

こういうことは考えても分からないのだ。ただ、意識の流れを傍観して、自然の成り行きに任せればいいのだ。そう自分に言い聞かせて、とりあえずぐっすり寝ることにした。

睡眠にはパソコンのデフラグと同じような効能がある。不要な意識ファイルを整理して、意識の秩序を取り戻すのである。そうすると、意識の流れは元の滑らかさに戻る。

しかし、あの不快の最中にもつかの間の至福感があったのはどうしてか、という想念が同時に浮かんできた。あの悪夢が現実だったら、私は自己の存在を否定したくなるだろう。自殺である。だが、人間そう簡単には死ねない。不幸なら不幸でその中に幸福を見出そうとするのだ。テレビでＡＬＳや末期がんの患者が映し出されると、あの人たちを見下している自分が恥ずかしくなる。自分はまだましだ、助かっている、と思う自分が情けない。一体、いのちとしあわせの本質って何だろう、と悩む。

こういうときは昔読みふけった闘病記を読み返したくなる。私は闘病記を読むのが好きだ。そもそも小学生のときの愛読書が分厚い家庭医学書である。多くの人は、暗い気分になるからと嫌がるが、私はホラー映画を楽しむように、死に至る苦悩と苦痛の記録を読み、断末魔の叫びに聴き入る。

私は一種のマゾヒストである。楽天観や陽気さとは縁遠い。しかし、物事の真相は見届けたい質《たち》である。死後の世界と魂の不滅に対しては絶対否定の立場を取っている。現実を直視して、生命の本質と存在の意味を見届けたいのだ。

自宅から北上尾の駅まで歩いて一二分ぐらいかかる。ときどき、駅までの道を歩いていると、時間を生きている自分の意識が意識されることがある。ある人は駅近くの踏切を見ると、飛び込みたくなるらしい。高崎線は人身事故のためによく止まる。去年も北上尾と桶川の間の踏切で飛び込み自殺があった。彼の時間はそこで止まったのではなく、終わったのである。意識は存続することなく、完全に消え去った。社会は大騒ぎしているが、自然は何事もなかったかのように、雄大な時間の流れの中で生々流転を繰り返すのみである。

ときどき自分は思うほど大切ではない、という意識が浮かんでくる。毎日肉食を繰り返している自分は、果たして自己の生命や存在の尊厳を声高に叫べるだろうか。

ただ、今は少し休ませてほしい。小雨に濡れた後、雨上がりの午後の日差しの中で何も考えないまま、天を仰いでいたいのだ。

＊心境小説というものは、半分は自分の体験、半分は作り話である。それは「何か」を暗示、象徴するために書かれた逸話である。そして、それには作者の「意識の流れ」が深く関与している。

河村次郎

二〇一八年一一月一一日

■著者略歴

河村次郎（かわむら　じろう）

1958年　青森県むつ市に生まれる
1984年　東洋大学文学部哲学科卒業
1991年　東洋大学大学院文学研究科博士課程単位取得退学
現　在　東洋大学非常勤講師

著　書

『時間・空間・身体——ハイデガーから現存在分析へ——』（醍醐書房，1999年）
『脳と精神の哲学——心身問題のアクチュアリティー——』（萌書房，2001年）
『意識の神経哲学』（萌書房，2004年）
『自我と生命——創発する意識の自然学への道——』（萌書房，2007年）
『心の哲学へ誘い』（萌書房，2007年）
『情報の形而上学——新たな存在の階層の発見——』（萌書房，2009年）
『心・生命・自然——哲学的人間学の刷新——』（萌書房，2009年）
『創発する意識の自然学』（萌書房，2012年）
『存在と時空』（萌書房，2016年）他。

訳　書

メダルト・ボス『不安の精神療法』（解説つき：醍醐書房，2000年）

新たな哲学の創発
——22世紀に向けての超－哲学入門——

2019年4月20日　初版第1刷発行

著　者　河村次郎
発行者　白石徳浩
発行所　有限会社　萌《きざす》　書　房
〒630-1242　奈良市大柳生町3619-1
TEL（0742）93-2234 / FAX 93-2235
［URL］http://www3.kcn.ne.jp/~kizasu-s
振替　00940-7-53629

印刷・製本　モリモト印刷株式会社

ISBN978-4-86065-129-9

河村 次郎著

創発する意識の自然学

A5判・上製・カバー装・318ページ・定価：本体3500円＋税

■現代脳科学の成果も踏まえ，ジェームズの意識哲学をホワイトヘッドの自然哲学によって深めつつ，両者を創発の存在論によって融合。心の哲学と心脳問題の新たな方向性を示す。

ISBN 978-4-86065-070-4　2012年10月刊

河村 次郎著

情報の形而上学——新たな存在の階層の発見——

A5判・上製・カバー装・240ページ・定価：本体2700円＋税

■世界は自己組織化する情報システムであり，物質・生命・心・社会という存在の階層を産出する。本書はこの過程を創発主義的存在論の観点から論じた力作である。

ISBN 978-4-86065-046-9　2009年4月刊

河村 次郎著

心の哲学への誘い

四六判・上製・カバー装・184ページ・定価：本体1900円＋税

■旧来のモノ対ココロという二元論的志向ではなく，モノと「コト」の関係を基点に据えつつ，心の座を脳に限定せず，その外延を身体や環境にまで拡大してシステム論的に捉える。

ISBN 978-4-86065-030-8　2007年10月刊

河村 次郎著

存在と時空

A5判・上製・カバー装・236ページ・定価：本体2800円＋税

■本書はハイデガーの『存在と時間』を土台とし，メルロ＝ポンティ的な身体の空間性を加味しつつ，独自の方法論によって存在と時空の関係を解明した体系的存在論の試み。

ISBN 978-4-86065-107-7　2016年10月刊